여성의 종속

이 책의 번역은 정미화. 이화여자대학교 철학과를 졸업했다. 글밥 아카데미 수료 후 현재 바른번역 소속 번역가로 활동 중이다. 옮긴 책으로는 〈공리주의〉, 〈철학의 역사〉, 〈탄탄한 논리력〉, 〈엘라처럼〉, 〈최강의 식물식〉, 〈그녀가 달리는 완벽한 방법〉, 〈죄수 운동법〉, 〈주 2회 1일 1시간, 죽을 때까지 건강하게 살고 싶어서〉, 〈하루 800칼로리 초고속 다이어트〉 등이 있다.

여성의 종속
THE SUBJECTION OF WOMEN (1869)

발행일 | 2022년 5월 15일 1판 1쇄

지은이 | 존 스튜어트 밀
번역 | 정미화
편집 | 마담쿠, 코디정
디자인 | 정우성
마케팅 | 우섬결

콜라보레이션 브랜드 | 블루템버린
패션 디자이너 | 김보민
표지 모델 | 김민경, 최영아, 신지현, 김민주, 송설아, 최한빛
포토그래퍼 | 이승우

펴낸곳 | 이소노미아
　　　　서울시 종로구 율곡로 2길7 서머셋팰리스 303호
　　　　T | 010 2607 5523　F | 02-568-2502
　　　　Contact | h.ku@isonomiabook.com
펴낸이 | 구명진

ISBN 979-11-90844-27-7 (03330)

존 스튜어트 밀이 쓴 원작은 모두 퍼블릭 도메인입니다.
한국어 번역문에 관한 저작권은 유효하며 이소노미아에 있습니다.
ⓒ 이소노미아

나무의 목숨이 헛되지 않는 책

여성의 종속
THE SUBJECTION OF WOMEN

1869

존 스튜어트 밀

John Stuart Mill

이제 와 돌이켜 보면
여성들이 어떻게 여기까지 올 수 있었는지

존 스튜어트 밀

1806~1873

스코틀랜드 출신의 영국 철학자이자 경제학자이며 유명한 저술가인 제임스 밀의 6남매 중 장남으로 태어났다. 어린 밀은 남달랐고 명석했다. 아버지는 아들을 학교에 보내지 않고 직접 키웠다. 세 살에 그리스어를 배웠으며, 여덟 살에 이미 그리스어와 라틴어 고전을 읽었다. 엄격하고 철저한 부친 슬하에서 십대 시절에 이미 대부분의 학문을 익히고 여러 논문을 썼다. 영국 국교도가 되기 싫다며 옥스퍼드 대학이나 케임브리지 대학에서 공부하기를 거절했다. 영국 동인도회사에서 35년간 근무하면서 연구와 저술을 이어나갔다. 〈논리학 체계 1843〉, 〈정치경제학의 원리 1848〉, 〈자유론 1859〉, 〈공리주의 1863〉, 〈여성의 종속 1869〉, 〈사회주의 1879〉 등의 책을 저술했다. 인생의 전반부는 부친과 함께였으나 인생의 후반부는 인생의 동반자인 해리어트 테일러 밀과 함께였다.

평생 약자의 자유와 여성의 인권을 옹호한 밀은 사랑하는 아내가 묻힌 프랑스 아비뇽에서 영원한 평화를 얻었다.

목차

여성의 종속 013

제1장 문제제기 014
제2장 여성의 결혼 080
제3장 여성의 직업 130
제4장 여성의 종속을 없앰으로써 얻는 것 204

편집후기 258

제1장

문제제기

이 에세이의 목적은 사회 문제나 정치 문제에 대해 내 나름의 견해를 세웠던, 아주 오래전부터 품고 있었지만 그동안 약해지거나 수정되지 않고 오히려 성찰의 과정과 삶의 경험을 통해 한층 확고해진 한 가지 견해의 근거를 가능한 명확하게 설명하는 것입니다. 현재 남성과 여성 사이에 존재하는 사회적 관계를 규정하는 원리, 즉 한쪽이 다른 한쪽에 법적으로 종속되어 있는 상태는 그 자체로 잘못된 것이며, 인류의 발전을 저해하는 중대한 장애물 중 하나입니다. 이것은 완전한 평등의 원리로 대체되어야 하며, 한쪽에 권력이나 특권을 부여하지 않는다면 다른 한쪽도 마찬가지의 조건을 적용해야 합니다.

내가 착수한 이 작업을 설명하기 위해 필요한 단어들만 봐도 이 일이 얼마나 힘든지를 보여줍니다. 하지만 이 어려움은 내가 가진 확신의 논리적 근거가 불충분하거나 불명확하기 때문에 생기는 어려움이 아니라 대중의 정서에 반하는 견해를 밝히는 모든 주장에서 생기는 어려움입니다. 어떤 의견이 대중의 감정에 단단히 뿌리내리고 있는 한, 반대 의견을 내세우면 대중의 감정은 흔들리기보다는 더 굳건해지는 법입니다. 만약 토론을 거쳐 받아들인 의견이라면, 마찬가지로 토론을 통해 반박될 때 그 의견에 대한 대중의 확신도 흔들릴 수 있습니다. 하지만 오로지 감정에 바탕을 둔 의견이라면 토론 과정에서 더 심각한 논쟁이 벌어진다고 해도 그 의견을 신봉하는 사람들은 자신들의 감정에 더 심오한 근거가 있다고 확신합니다. 그리고 이는 토론으로 해결하지 못하는 부분입니다. 더구나 그 감정이 변함없이 유지되는 한, 자신들의 기존 의견에 있는 허점을 메우기 위해 항상 새로운 근거를 만들어 냅니다. 또한 수많은 대의명분을 내세워서는 제도와 관습을 지탱하고 보호하는 모든 것 가운데 자기 의견이 가장 강렬하고 뿌리 깊은 것이라고 합니다. 이런 감정이 현대의 위대한 정신적·사회적 변화 과정에 의해 다른 어떤 감정들보다 약화되거나 완화되지 않았다는 것을 깨닫고 놀랄 필요도 없으며, 인간이 오랜 세월 고수했던 야만적인 면모들이 앞서 털어버리려 했던 야만적인 면모들보다 덜할 것이라고 추정해서도 안 됩니다.

모든 면에서 봤을 때, 거의 누구나 동의하는 보편적인 의견을 공격하는 사람에게는 엄청난 부담이 주어집니다. 어쨌든 자신의 견해를 밝힐 수 있는 자리라도 얻으려면 대단히 능력이 뛰어나야 할 뿐만 아니라 운이 매우 좋아야 합니다. 다른 소송에서 당사자들이 평결을 받는 것보다 이들이 재판을 받는 일이 훨씬 더 어렵습니다. 만약 견해를 밝힐 수 있는 자리를 어렵사리 얻었다고 해도, 다른 사람들에게 요구되는 것과는 전혀 다른 수준의 논리적 검증 절차를 거쳐야만 합니다. 다른 모든 경우에는 입증의 부담이 그 주장에 동의하는 사람에게 있습니다. 만일 누군가 살인 혐의를 받고 있다면 결백을 입증할 책임은 혐의를 받는 당사자에게 있는 것이 아니라 살인 혐의를 주장하는 측에 있는 것과 같습니다. '트로이의 함락Siege of Troy'처럼 일반 사람들이 크게 관심을 갖지 않는 역사적 사건의 실체에 대해 의견이 분분할 때, 그 사건이 실제 벌어졌다고 주장하는 측에서 증거를 제시해야 합니다¹. 그 반대편 쪽에서도 의견을 내야 하겠지만 상대방이 증거를 제시하고 난 다음이며, 상대방이 제시한 증거가 가치 없다는 것을 보여주는 의견을 내는 정도면 충분합니다. 다시 실질적인 문제로 돌아와 보면, 자유를 반대하는 측이 그 주장의 정당성을 입증할 책임을 집니다. 즉 인간 행동의 일반적인 자유에 대해 어떤 제약을 가하거나 다른 사람과 비교해서 어느 한 개인이나 어느 집단이 가진 특권을 박탈하거나 침해하는 식으로 자유를 제약하거나 금지하려는 측이 자기 행위의 정당성을 입증해야 합니다. 이런 선험적인 추론은 자유와 공명정대를 위함입니다. 공공의 이익에 의해 필요한 경우가 아니라면 어떤 제약도 허용될 수 없으며, 그리고 정의나 정책 같은 현실적인 이유 때문에 다른 대우를 해야 하는 경우가 아니라면 법은 차별 대우를 하지 말아야 하

---

[1] 트로이 전쟁(기원전 13세기경)은 호메로스의 〈일리아드〉에 기록됐고 그리스 신화에 등장하는 전쟁이다. 이것이 신화냐 사실이냐를 두고 서양에서는 오랫동안 논쟁해 왔으나, 이 책의 출간 시점 즈음에 독일의 고고학자 하인리히 슐리만이 트로이 유적 발굴에 성공했다고 발표했다. 현재는 고고학적 증거를 통해 트로이 전쟁이 실제 있었던 역사로 여겨진다.

고, 모든 사람을 똑같이 대해야 하기 때문입니다. 하지만 내가 주장하는 견해에 동조하는 사람들에게는 이런 입증 책임의 원리를 적용하는 혜택이 허용되지 않습니다. 남성은 명령할 수 있는 권리가 있고 여성은 복종해야 하는 의무가 있다거나, 남성은 통치하는 일에 적합하고 여성은 그렇지 않다고 주장하는 사람들에게, 그들이 문제를 제기하는 측이니 자신의 주장이 옳다는 것을 입증하는 명백한 증거를 보여줘야 한다고, 그렇지 않으면 그런 주장을 철회해야 한다고 말해도 소용이 없습니다. 여성은 자유를 반대하고 편파를 권장한다는 이중의 추정을 하면서, 남성에게는 당연히 허용된 자유나 특권을 여성에게는 허용하지 않는 사람들이 있습니다. 그들에게, 자기들의 주장이 옳다는 것을 입증할 확실한 증거를 가지고 있어야 하며 모든 의구심을 해소시킬 만큼의 증거를 내놓지 못한다면 그 주장이 옳지 않다는 판단이 내려져야 한다고 말해도 역시 아무 소용이 없습니다. 보통의 경우에는 그렇게 요구하는 것이 합당한 항변이라고 여길 테지만, 이 경우에는 그렇지가 않습니다.

내가 강력한 영향을 미칠 수 있기를 기대하기 전에, 나는 이 문제에 관해 반대 입장을 가진 사람들이 지금까지 말해온 모든 쟁점에 답해야 할 뿐만 아니라, 내가 찾아낸 답을 말하는 것은 물론이고 이성적인 추론을 통해 답하기 위해 그들이 제기할 수 있는 쟁점을 온갖 상상력을 동원해서 알아내야 합니다. 그런 주장을 전부 다 논박하는 한편, 나의 생각이 옳다는 것을 입증해 줄 아주 확고하고 절대적인 논거를 찾아야 합니다. 심지어 이 모든 일을 빠짐없이 하고 상대방이 답변할 수 없는 수많은 논거를 제기하여 그쪽에서 논박할 수 있는 주장을 단 하나도 남겨놓지 않는다고 해도, 나는 거의 아무것도 하지 않았다는 인상을 지울 수 없을 것입니다. 왜냐하면 한편으로는 대중적인 관례가, 다른 한편으로는 일반 대중의 대단히 압도적인 정서가, 여성에 대한 편견을 부추기는 명분이 맞는 것처럼 상정하고 있기 때문입니다. 이 명분은 어떤 확신에도 흔들리지 않습니다. 그러므로 이성에 호소해도 높은 수준의 지성인에게는 통하겠지만 보통 사람들에게는 통하지 않습니다.

이런 어려움을 언급하는 이유가 그런 사람들에 대한 불만 때문은 아닙니다. 우선 그렇게 해봤자 소용이 없습니다. 그런 거부감에 대한 이해를 통해 대중의 감정이나 실제 경향에 맞서 논쟁해야 하는 과정은 떼려야 뗄 수 없는 일이니까요. 게다가 사람들에게 논거를 판단할 수 있는 자신만의 능력에 의존하라고 요구할 수 있기 전에, 대다수 사람들의 이해 수준이 지금보다 훨씬 더 높아져야 합니다. 논리적으로 반박하기 어려운 논쟁적인 주장에 첫 번째 맞닥뜨렸을 때, 그들이 태어나고 양육되었으며 기존 사회 질서에서 커다란 바탕이 되고 있는 실천 원리를 포기할 정도는 되어야 합니다. 그렇기 때문에 나는 상대가 토론은 거의 믿지 않고 관습과 대중의 정서를 너무 지나치게 신봉한다고 나무라지 않습니다. 그런 태도는 18세기와 대비하여 19세기 사람들이 드러내는 독특한 선입관 가운데 하나이기 때문입니다. 18세기에는 이성적 요소에 속하는 것이라고 생각하면 절대 확실하다고 여긴 반면, 19세기에는 인간 본성에 비이성적 요소를 용인했습니다. 우리는 이성을 신성시하는 대신 본능을 숭배했습니다. 그러면서 우리에게서 발견되는 모든 것 중에서 어떤 합리적인 근거도 밝혀낼 수 없는 것은 전부 본능이라고 부릅니다. 본능에 대한 이런 맹목적인 숭배는 이성에 대한 신성시보다 훨씬 더 저급하고 오늘날 거짓된 숭배들 가운데 가장 악의적이지만 이제는 그런 거짓된 숭배가 든든하게 지탱되고 있으며, 정상적인 심리학이 등장해서 자연의 의도이자 신의 명령이라며 따르는 많은 것의 진짜 근거를 밝히기 전까지 아마도 지금의 위상을 뺏기지 않을 겁니다. 이 당면한 문제에 대해 내게 편견의 화살이 돌아오는 불리한 상황을 기꺼이 감수하겠습니다. 대대로 이어지는 기존 관습과 대중의 감정이 합리성보다는 다른 이유 때문에 생겨났고 인간 본성의 우월한 측면보다는 열등한 측면에서 그 힘을 얻었음을 내가 입증할 수 없다면, 그런 기존 관습과 대중의 감정은 분명 내게 적대적일 것이라는 점에 동의합니다. 나를 평가하는 사람들이 주변의 영향을 받았음을 내가 입증하지 못한다면, 그들의 평가가 내게 불리하게 나올 것이라는 점도 수긍합니다. 하지만 이런 양보가 겉으로 보이는 만큼 그리 대단한 것은 아닙니다. 왜냐하면 이런 것을 입증하는 일은 이제까지 내가 해 온 일 가운데 가장 쉬운 것이니까요.

대부분의 관례라는 것은 때로 훌륭한 목표를 달성하는 데 도움이 되거나 어쨌든 과거에는 도움이 되었다는 일종의 강력한 확신입니다. 이 경우에는 그런 목표를 가장 효과적으로 달성할 수 있는 과거의 경험을 바탕으로 특정 관례가 처음으로 채택되거나 유지된 것이지요. 만약 남성이 여성을 지배하는 관례가 처음 만들어졌을 때 사회 지배 구조를 규정하는 다양한 방식을 양심적으로 비교한 결과였다면 조금은 달랐을 것입니다. 가령 여성이 남성을 지배하는 방식이나, 남성과 여성이 동등한 지위를 갖는 방식, 또는 애초에 고안했던 대로 남녀가 분리된 혼합 지배 방식 등 기타 다양한 사회 조직 방식을 시험해 본 뒤에, 경험이라는 증거에 근거해서 여성은 전적으로 남성의 지배를 받는 존재라는 것, 즉 여성은 공적인 관심사에 아무런 의견이 없으며 각 여성은 하나의 사적인 존재로서 자신의 운명과 관련된 남성에게 법적으로 복종할 의무가 있다는 지배 방식이 남성과 여성 모두의 행복과 번영에 가장 도움이 되는 제도라는 결정이 내려졌다면, 일반적으로 그런 제도를 채택한 것은 채택 당시에는 최선이라고 할 수 있는 근거가 어느 정도 있을지도 모릅니다. 비록 인류 초기의 대단히 중요한 수많은 사회적 사실과 마찬가지로, 사람들이 추천했던 고려 요인들도 결과적으로 시간이 흐름에 따라 결국 사라졌지만 말이지요.

하지만 남성이 여성을 지배하는 이 방식의 경우에는 모든 면에서 정반대로 만들어졌습니다. 첫째, 약한 쪽을 강한 쪽에 완전히 복속시키는 현재 제도를 찬성하는 견해는 이론에만 의존하고 있을 뿐 다른 방식은 전혀 시험해 본 적도 없습니다. 경험이야말로 이론에 비해 천박하기 때문에 경험이 어떤 중요한 결정의 근거가 될 수 없다고 여겨졌습니다. 둘째, 이 불평등한 제도를 채택한 것은 결코 심사숙고나 선견지명의 결과도 아니었고, 인류에게 도움이 된다거나 사회의 질서유지에 도움이 되는 어떤 사회사상이나 견해 때문도 아니었습니다. 단지 인류 사회의 아주 초창기부터 (남성에 비해 완력이 떨어지는 점에 더해 남성에 의해 여성에게 부여된 가치 때문에) 모든 여성은 일부 남성에게 속박된 상태에 있었다는 사실에서 비롯되었을 뿐입니다. 법과 정치 체계는 어느 경우에나 개인들 사이에 이미 존재하는 관계들을 인정하는 것에서 시작됩니다. 물리적 사실에 불과했던 것을 법적인 권리로 바꾸고, 사회적 구속력을 부여하는 것입니다. 또한 물리적 힘을 내세워 충돌하는 무질서한 무법의 상태를 권리의 주장과 보호라는 공적이고 조직적인 수단으로 대체하는 것이 일차적인 목표입니다. 이미 복종을 강요당했던 사람들은 이런 과정을 통해 합법적으로 지배당하게 됩니다. 주인과 노예 사이의 힘의 문제에 불과했던 노예 제도가 합법화되면서 주인들 사이의 계약 문제로 변한 것도 마찬가지입니다. 주인들은 공동의 보호를 위해 서로를 구속하고, 노예를 포함하여 각자 소유한 것을 지키기 위해 집단적 힘을 통해 보장하려 한 것이지요. 아주 오래전에는 모든 여성뿐 아니라 대부분의 남성이 노예 신분이었습니다. 그리고 오랜 세월이 흐르는 과정에서 높은 수준의 문명을 자랑하던 시기가 있었고, 드디어 이런저런 형태의 노예 제도에 대해 그 정당성과 불가피한 사회 관행 여부에 의문을 제기하는 대담한 사상가가 나타났습니다. 이런 사상가들이 서서히 등장했고, (노예 제도를 조장하던 사회의 전반적인 발전으로 인해서) 최소한 모든 유럽의 기독교 국가들에서는 마침내 남성 노예 제도가 폐지되었고(이들 국가 중 한 곳[2]은 최근 몇 년 사이에야 그렇게 했을 뿐이지만 말이지요), 여성 노예 제도는 좀 더 완화된 종속 형태로 점차 바뀌었습니다. 하지만 오늘날 존재하는 여성의 종속 방식은 정의와 사회적 편의에 대한 사람들의 생각에서부터 새로이 비롯된 어떤 독창적인 제도가 아니라, 그저

---

[2] 영국은 1833년 노예 제도를 폐지했으며, 이어 대부분의 유럽 국가들은 1840~50년대에 노예 제도를 없앴다. 미국은 1865년 수정헌법 제13조에 의해 노예 제도를 폐지했다.

원시적 상태의 노예 제도가 — 일반적인 종속 방식은 약화시키되 모든 인간 관계를 정의의 통제와 인간 본성의 영향력 아래에 두는 같은 이유에 의해 생긴 — 완화와 수정의 지속 과정을 거친 것입니다. 그렇다고 노예 제도의 잔인한 본질이 사라진 것은 아닙니다. 그러므로 여성의 종속이 존재한다는 사실로부터 그것을 정당화하는 어떤 추론도 끌어낼 수 없습니다. 여성의 종속을 정당화할 만한 추론이라면 노예 제도와 동일하게 추악한 기원에서 비롯된 다른 여러 관례들이 사라져버린 지금까지도 이 종속은 지속되었다는 점밖에 없습니다. 강자의 법칙 외에 남성과 여성 간의 불평등을 뒷받침하는 다른 근거가 없다니, 사실 보통 사람들에게는 그 말이 의아하게 들릴 뿐입니다.

이런 진술은 어떤 측면에서는 문명이 진보했고 인간의 도덕적 감성이 개선되었다는 것을 말해주기 때문에 역설적인 효과를 가질 수밖에 없습니다. 현재 우리는, 즉 세계에서 가장 발전한 국가들 중 한두 나라에 살고 있는 우리는 세상사를 규정하는 원리로서 강자의 법칙이 완전히 제외된 듯 보이는 상태에서 살고 있으니까요. 누구도 강자의 법칙을 주장하지 않습니다. 대부분의 인간관계에서 누구도 강자의 법칙을 실행하는 것이 허용되지도 않습니다. 만약 누군가 그렇게 할 수 있다면 사회 전체의 이익을 위해서라는 이유와 비슷한 명분을 내세웠기 때문입니다. 표면적으로는 이런 상황이기 때문에 사람들은 단순히 힘이 지배하는 시대는 끝났다고 편리하게 생각합니다. 강자의 법칙은 오늘날까지도 여전히 시행되고 있는 모든 제도의 존재 이유가 될 수 없다고 말이지요. 오늘날에도 존재하는 모든 제도가 어떻게 시작되었든지 간에, 지금과 같은 고도의 문명 시대까지 지속될 수 있었던 이유는 인간의 본성에 부합하고 사회 전체의 이익에 도움이 된다고 하는 충분히 그럴듯한 의식 때문입니다. 하지만 사람들은 다름 아닌 힘에 바탕을 둔 제도들이 가진 엄청난 지속력과 내구력을 이해하지 못하고 있습니다. 그런 제도들이 시대와 얼마나 강렬하게 맞물려 있는지를 생각하지 못합니다. 권력을 가진 이들의 나쁜 성향과 감성뿐 아니라 좋은 성향과 감성이 그 제도를 유지하는 것과 어떻게 동일시되는지 이해하지 못합니다. 이런 나쁜 제도들 가운데 우선 가장 근거가 빈약한 것부터, 즉 일상의 습관과 가장 관련이 적은 것부터 하나씩 서서히 사라진다는 것을 이해하지 못합니다. 처음부터 물리적 힘을 가진 덕분에 법적 권력을 얻은 이들의 경우, 물리적 힘이 사라지기 전에 법적 권력을 잃는 일은 매우 드물지만, 사람들은 그것을 이해하지 못합니다. 그러나 여성의 경우에는 그런 물리적 힘의 이동이 일어나지 않았습니다. 여기에 여성이라는 독특하고 특별한 특징이 더해지면서 힘에 바탕을 둔 이런 권리 체계가 비록 초기에는 다른 어느 것보다도 가장 지독했던 점들이 나중에는 부드러워지기는 했지만 좀체 사라지지 않을 것이라는 사실이 분명해졌습니다. 힘에 바탕을 둔 이 하나의 사회적 관계가 평등한 정의에 바탕을 둔 여러 제도들을 거치면서 살아남게 되는 것은 불가피한 일이었습니다. 법과 관습의 일반적인 특징과 비교해서 거의 유일한 예외인 셈이지요. 그렇지만 이 권리 체계가 그 유래를 드러내지 않는 한, 토론을 통해 그 진정한 특징을 드러내지 않는 한, 사람들은 여성에 관한 권리 체계가 근대 문명과 어울리지 않는다고 생각하지는 않습니다. 그리스인 가운데 집안일을 하는 노예임에도 불구하고 스스로를 자유인이라고 생각하는 것을 이상하다고 느끼지 못하는 것처럼 말이지요.

사실 오늘날이나 지난 2-3세대 이전의 사람들은 원시 상태에서 인간이 어떻게 생활했는지 실질적인 이해가 전무한 상황입니다. 단지 역사를 제대로 공부하거나 오래전 과거의 생활방식을 유지한 채 살아가는 사람들의 거주 지역을 많이 방문한 이들만이 당시 사회가 어땠는지 머릿속으로 그려볼 수 있을 뿐입니다. 사람들은 먼 옛날 우월한 힘의 법칙이 어떻게 전적으로 삶의 원칙이 되었으며, 우월한 힘의 법칙이 얼마나 공공연하게 인정되었는지 알지 못합니다. 내가 냉소적이거나 뻔뻔하게 말하는 것이 아닙니다. 왜냐하면 이런 말에는 그 제도 속에 부끄러워해야 하는 어떤 것이 들어있다는 느낌을 주지만, 철학자나 성인을 제외하고 그런 생각을 할 수 있는 능력이 당시 사람들에게는 없었기 때문입니다. 역사는 경험을 통해 인간 본성의 잔인한 속성을 보여줍니다. 어느 계급의 사람이든, 생명, 재산, 온전히 세속적 행복 때문에 얻을 수 있는 존중은 정확히 그 사람이 무엇을 실행할 수 있는 힘을 가지고 있는가에 의해 평가되며, 무력을 가진 권력자들에게 저항하는 사람들은 그 저항이 아무리 강하다고 해도 힘의 법칙뿐 아니라 다른 모든 법과 사회적 의무의 개념에 의해 불리한 처지에 놓이게 됩니다. 그리고 이들이 저항했던 권력자들이 보기에 그들은 부정행위를 저지른 것뿐만 아니라 모든 범죄 가운데 최악의 행위를 저질렀기 때문에 인간이 내릴 수 있는 가장 잔혹한 응징을 받아야 하는 것이지요. 우월한 지위를 가진 쪽에서 자신보다 열등한 지위에 있는 사람들의 어떤 권리를 인정해 주려는 의무감 같은 기미가 처음 나타난 것은 자신의 편의를 위해 열등한 지위의 사람들에게 무언가 약속해 줄 상황이 초래되었을 때였습니다. 이런 약속들은 매우 엄숙한 서약으로 인정받았다고는 해도 아주 사소한 도발이나 유혹에 의해 철회되거나 깨지는 일이 오래도록 있었지만, 보통 사람의 도덕관념에 훨씬 미치지 못하는 사람들을 제외하고는 일말의 양심의 가책 없이 그렇게 할 수는 없었을 것입니다. 고대 공화국들은 대부분 처음에는 일종의 상호 계약이 바탕이 되었거나 어쨌든 그리 힘의 차이가 나지 않는 한 무리의 사람들에 의해 형성되었으며, 결과적으로 인간관계가 힘의 지배가 아닌 다른 법칙의 지배로 보호받고 영향을 받는 첫 번째 사례가 되었습니다. 그리고 처음에 확립된 힘의 법칙이 주인과 노예, (명확한 계약에 의해 제한된 경우를 제외하고) 주권국가와 종속국가, 또는 다른 독립국가들 사이에 여전히 온전히 발휘되고 있었지만, 매우 제한된 분야에서라도 그런 원시적인 법이 사라지면서, 곧 경험을 통해 드러났듯이, 물질적 이해관계를 위해서라도 매우 중요한 가치를 지닌 감정을 불러일으키고 그것이 계속 확대되어 감으로써 인간 본성의 쇄신이 시작되었습니다. 비록 노예가 국가의 일부분은 아니었지만, 노예 역시 인간으로서 권리를 가진다는 것을 처음 생각했던 곳은 자유국가였습니다. 내가 알기로는 스토아학파가 처음으로(유대인의 법은 예외라는 것을 제외하면) 노예에 대한 도덕적 의무감을 갖는 것이 도덕성의 일부라는 것을 가르쳤습니다. 기독교의 위상이 높아진 이후 이론상으로는 누구도 이런 의견을 결코 외면할 수 없었으며, 가톨릭교회가 등장한 이후에는 그 의견에 동조하는 사람들이 늘 있었습니다. 그럼에도 불구하고 그것을 강제적으로 실시하는 일은 이제껏 기독교가 실천해야 했던 가장 어려운 과업이었지요. 교회는 천 년이 넘도록 그 싸움을 계속했지만, 눈에 보이는 성과는 거의 없었습니다. 교회에 인간의 마음을 지배하는 권력이 부족했기 때문이 아닙니다. 교회의 권력은 경이로울 정도였습니다. 교회는 자신의 부를 축적할 수 있도록 왕과 귀족으로 하여금 가장 귀중한 소유물을 내놓게 만들 수 있었습니다. 인생의 전성기에 있거나 세상에서 남부러울 것 없는 위치에 있는 수많은 사람이 수도원에 들어가 궁핍한 생활과 금식, 기도를 통해 구원을 얻는 길로

들어서게 만들 수도 있었습니다. 성모[3]를 구하기 위해 수십 만 명의 사람들을 육지를 가로지르고 바다를 건너 유럽과 아시아로 보낼 수 있었습니다. 7촌(영국 기준으로는 14촌) 이내의 인척 관계라고 공표함으로써 왕으로 하여금 열렬한 사랑의 대상인 왕비를 포기하게 만들 수도 있었습니다. 교회는 이 모든 것을 할 수 있었습니다. 하지만 사람들이 서로 덜 싸우게 하거나, 농노에 대한 그리고 가능하다면 자치도시의 시민들에 대한 잔혹한 횡포를 줄이게 할 수는 없었습니다. 무력 투쟁이나 무력을 통한 승리처럼 사람들이 무력을 사용하는 것을 포기하게 하지도 못했습니다. 더 강한 세력에 의해 자신들의 차례가 되는 상황에 처하기 전까지 결코 그렇게 하게 되는 일은 없었습니다. 오직 왕들의 권력이 강력해져야만 싸움이 종식되었지만, 그것도 왕들 사이의 다툼이나 왕권을 노리는 사람들 사이의 다툼은 제외되는 형편이었습니다. 요새화한 도시들에서 부유하고 호전적인 부르주아 계층이 늘어나고 전장에서는 수련이 부족한 기사

---

[3] Holy Sepulcher. 예루살렘에 있던 예수의 무덤. 이슬람제국으로부터 예루살렘을 지키려는 십자군 전쟁을 언급하고 있다.

보다 평민 보병대가 훨씬 강력하다는 것이 입증되어서
야 부르주아 계층과 농민 계급에 대한 귀족의 오만한 폭
정이 어느 정도 중단될 수 있었습니다. 하지만 그런 상
황은 억압받는 사람들이 제대로 된 복수를 할 수 있을
힘을 얻을 때까지만이 아니라 그 이후에도 지속되었습
니다. 영국에서는 초기에 잘 조직된 민중 계급이 평등한
법과 자유로운 국가 제도를 확립함으로써 더 일찌감치
종식시킬 수 있었던 반면 유럽 대륙에서는 프랑스 혁명
때까지 그런 일이 계속 이어졌습니다.

인류 역사에서 오랜 기간에 걸쳐 힘의 법칙이 대단히 완
벽한 일반 행위의 공인된 규칙이었고, 다른 규칙은 그저
특이한 관계의 특별하고 이례적인 산물일 뿐이며, 일반
적인 사회의 문제들이 어떤 도덕 법칙에 따라 규제받는
것처럼 보이는 것도 아주 최근의 일이라는 것을 사람들
은 대체로 알지 못합니다. 힘의 법칙 외에는 아무런 근
거도 없는 제도나 관습이 처음 확립되었을 때, 결코 동
의하지 않았을 일반 대중의 마음속에 어떻게 그 제도나
관습이 들어가 오래도록 자리 잡고 있는 것인지 기억하
거나 고려하는 일도 별로 없습니다. 영국인들은 불과 40
년 전만 해도 사람을 사고팔 수 있는 재산이라고 법으

로 정해두었을 정도였으니까요. 금세기에도 사람을 납치하거나 유괴해서 말 그대로 죽을 때까지 일을 시킬 수 있었습니다. 힘의 법칙의 이런 아주 극단적인 사례에 대해, 거의 모든 자의적인 권력을 용인할 수 있는 사람들도 비난하고 중립적 입장에서 상황을 파악하는 사람들도 가장 혐오스러운 감정을 보이는 특징을 보이지만, 문명이 발달한 나라이자 기독교 국가인 영국의 법이 그랬습니다. 지금 이 시대를 살고 있는 사람들이 기억하고 있는 것처럼 말이지요. 앵글로색슨족이 살고 있는 미국의 절반 지역에서는 불과 3-4년 전만 해도 노예 제도뿐 아니라 노예 매매가 존재했으며, 노예주[4] 사이에서는 특히 그런 목적으로 노예의 혈통을 관리하는 것이 일반적인 관습이었습니다. 그렇지만 미국에서는 노예 제도에 대한 더 강력한 반감이 있었을 뿐만 아니라 적어도 영국에서는 관습적으로 나타나는 다른 형태의 힘의 악용에 비해 노예 제도에 우호적인 감정이나 이해관계에 있는 사람들의 수가 적었습니다. 왜냐하면 노예제의 목적은 순전히 노골적인 물욕에 있었으니까요. 게다가 노예제

---

[4] 남북 전쟁까지 노예 제도가 합법적이었던 미국 남부의 여러 주.

로 이익을 얻는 사람들은 극히 일부에 지나지 않은 반면에 개인적으로 노예제와 이해관계가 없는 사람들이 가지는 자연스러운 감정이란 것은 지독한 혐오감이었습니다.

노예 제도가 너무 극단적인 사례라고 생각된다면, 절대 군주제가 오랫동안 유지되는 것을 생각해 보지요. 오늘날 영국에서 군부 독재는 어떤 유래나 정당한 명분이 없는 힘의 법칙의 소산이라는 확신이 거의 보편적으로 퍼져있습니다. 반면 영국을 제외한 유럽의 주요 국가에서는 군부 독재가 여전히 존재합니다. 이제 막 자취를 감추었다고는 해도, 지금도 전 계층의 사람들, 특히 지위가 높거나 중요 인물들 가운데 군부 독재를 옹호하는 거대한 무리가 있습니다. 전혀 보편적이지 않다고는 해도 기존 체제의 힘이 그렇게 대단합니다. 이런 체제와 달리, 역사의 거의 모든 시대에서 훌륭하고 잘 알려진 체제의 사례가 있었을 뿐 아니라 그런 체제들은 가장 걸출하고 번영한 사회에 의해 거의 변함없이 자리를 잘 잡았습니다. 이 경우에도 과도한 권력을 가진 사람은 그 체제와 직접적인 이해관계가 있는 한 사람뿐인 데 반해 그 체제에 속박되어 고통을 받는 사람은 말 그대로 나머지 전부입니다. 그 속박은 권좌에 있는 사람과 더불어 기껏해야 그 권좌를 이어받기를 기대하는 사람을 제외하고는 모든 사람에게 당연하고도 불가피하게 모욕감을 줍니다. 여성에 대해 남성이 우월한 지위에서 힘을 휘두르는 것과 이런 경우들은 얼마나 큰 차이가 있나요?

나는 지금 이 문제의 정당성 여부를 예단하려는 것이 아닙니다. 정당성이 있는 것이 아님에도 불구하고, 이 체제가 지금 우리 시대까지 이어져 온 다른 어떤 체제들보다 얼마나 더 오래 지속되어 왔는지 보여주려는 것입니다. 권력을 소유하면 얼마나 자부심이 채워지든지 간에, 권력을 휘두르는 것에 얼마나 개인적인 이해관계가 있든지 간에, 남성이 여성을 지배하는 경우에서는 제한된 계층에만 국한된 일이 아니라 남성 전체에 해당되는 일입니다. 이런 제도를 지지하는 사람들 대다수에게는, 주로 추상적인 의미에서 바람직하지 않은 것과 달리, 혹은 대체로 파벌 간에 벌어지는 일처럼 우두머리를 제외하면 어느 누구에게도 개인적으로 중요하지 않은 정치적 목적과는 다르게, 한 가정의 모든 남성 가장이나 그렇게 되기를 고대하는 모든 남자에게 뼈저리게 와 닿는 일입니다. 바보 같은 사람도 아주 고귀한 상류층 사람과 동일한 권력을 행사하거나 행사할 수 있게 되니까요. 게다가 이 경우 권력욕이 가장 강렬합니다. 권력을 원하는 사람이라면 자신으로부터 가장 가까운 곳에 있고, 삶의 동반자이자, 공통된 관심사가 가장 많으며, 자신의 권위에서 벗어나려 할 때 개인적인 선택에 따라 가장 자주 간섭하게 될 것 같은 사람에게 가장 권력을 휘두르고 싶어 하기 때문입니다. 언급했던 다른 경우들에서는, 명백하게 오직 무력에만 근거를 두고 있고, 뒷받침해 줄 명분이 더 적은 체제를 제거하는 것이 너무 더디고 대단히 어려웠다고 한다면, 이 경우는 그보다 상황이 훨씬 심각합니다. 비록 다른 경우들과 별다를 바 없는 근거에 기인하고 있다고 해도 말이지요. 아울러 이 경우 권력자들은 이 체제에 반하는 어떤 반란을 막을 수 있는 수단을 그 누구보다 더 많이 가지고 있다는 점을 생각해야 합니다. 그런 지배 아래에 놓인 사람들은 — 누구나 주인의 감시 아래나 어쩌면 거의 그 수중에서 살면서 — 같은 처지의 다른 누구보다 그 남성과 더 밀접한 관계를 맺게 됩니다. 여성에게는 그 남성에게 대항할 수단이 없고, 심지어 가까이에서 그 남성을 제압할 힘도 없으며, 오히려 남성의 호의를 구하거나 그의 심기를 거스르지 않으려는 아주 강력한 동기만 갖게 됩니다. 정치적 해방을 얻기 위해 나선 사람들이 얼마나 빈번하게 뇌물로 매수되거나 테러 위협에 시달리는지 누구나 알고 있습니다. 종속 상태에 있는 여성들은 모두 뇌물과 위협의 이중 공세에 만성적으로 시달립니다. 억압을 벗어나기 위한 저항의 기치를 세우는 경우, 많은 지도자와 그보다 더 많은 추종자는 자신의 개인 몫을 포기하거나 즐거움을 거의 전부 희생해야만 합니다. 만약 특권과 강제 복종을 내세운 어떤 체제가 그로 인해 억압받고 있는 사람들의 목을 단단히 옥죄고 있는 것이라면 그렇게 해야 합니다. 나는 아직 여성의 종속이 잘못된 체제라고 지적하지 않았습니다만, 이 문제에 대해 스스로 생각할 수 있는 사람이라면 혹 그것이 잘못된 체제라고 해도 다른 모든 부당한 권력 형태보다 더 오래 지속되었음이 분명하다는 점을 알아차려야 합니다. 게다가 다른 형태의 가장 야만적인 것[5]이 많은 문명국가에서 여전히 남아있고 다른 나라에서는 최근에서야 없어지게 된 상황에서 이처럼 가장 뿌리 깊게 박힌 체제[6]가 어디서든 벌써 알아챌 수 있

---

[5] 노예 제도.

[6] 여성의 종속.

을 정도로 흔들렸다면 이상한 일이겠지요. 이 체제에 반하는 저항이나 선언이 지금처럼 수없이 중대하게 제기돼야 했음을 생각하는 데는 더 많은 이유가 있습니다.

어떤 이들은 남성의 지배와 내가 설명하기 위해 예로 든 정당하지 못한 권력 형태를 비교하는 것은 타당하지 못하다고 반박할 수도 있습니다. 후자는 자의적이고 그저 강탈의 효과 밖에 없는 데 반해 전자는 자연스러운 것이라면서 말이지요. 하지만 권력을 가진 사람들 눈에 자연스럽게 보이지 않는 지배가 있었던가요? 인류가 소수의 주인과 다수의 노예로 나뉘는 것이 가장 교양 있는 사람들의 눈에도 자연스럽게 보이며, 유일하게 자연스러운 인류의 조건처럼 여겨진 때가 있었습니다. 아리스토텔레스 같은 지성인이나 그만큼이나 인간 사고의 발전에 기여한 인물들조차 의심이나 거리낌 없이 그런 견해를 갖고 있었습니다. 마찬가지로 남성이 여성을 지배하는 것의 근거가 되는 주장도 동일한 전제에 기인합니다. 말하자면 인간들 사이에는 다른 천성, 즉 자유인이 되는 천성과 노예가 되는 천성이 있어서 그리스인은 자유인이 되는 천성을 가진 반면 트라키아인[7]과 아시아인[8] 같은 야만족은 노예가 되는 천성이 있다는 것입니다. 그렇지만 과연 아리스토텔레스까지 거슬러 올라가 예를 들 필요가 있을까요? 남성이 자신의 욕망을 정당화하고 개인적인 이해관계를 합법화하는 이론에 광적으로 매달리는 것처럼, 미국 남부의 노예 주인들도 같은 논리를 고수하지 않았던가요? 삼라만상을 들먹이면서 흑인에 대한 백인의 지배는 자연스러운 것이고, 흑인은 태생적으로 자유를 누릴 수 없고 노예가 될 처지라고 하지 않았습니까? 일부는 심지어 육체노동을 하는 사람이 자유를 누리는 것은 세상 어디에서든 자연스럽지 못한 이치라고까지 목소리를 높였습니다. 마찬가지로 절대 군주제를 옹호하는 이들은 언제나 그것이야말로 유일하게 자연스러운 지배 형태라고 주장해 왔습니다. 절대 군주제는 원시적이면서 자연 발생적 사회 형태인 가부장제

---

[7] 지금의 발칸반도 동부 트라키아 지방에 사는 사람들. 현재 불가리아, 그리스, 터키가 인접한 지역을 일컫는다.

[8] 고대 그리스의 동쪽에 사는 사람들을 가리킨다.

에서 비롯되었고, 사회보다 앞서 형성된 부계 방식에 기반을 두고 있으므로 가장 자연스러운 권력 형태라고 주장합니다. 오히려 이 문제에 있어서 다른 이들에게 납득할 만한 이유를 댈 수 없는 사람들 입장에서는 '힘의 법칙이 권력을 행사할 수 있는 이유'라는 것만이 가장 자연스러운 형태처럼 보일 따름입니다. 정복자들은 정복을 당한 종족이 자신들에게 복종하는 것이 자연의 명령이라고 주장하거나, 알기 쉽게 말한다면서 유약하고 호전성이 떨어지는 종족은 더 용맹하고 남성적인 종족에게 복종해야 한다는 그럴듯한 이유를 내세웁니다. 중세 시대 사람들의 삶에 대해 약간의 지식만 있어도 봉건 귀족 입장에서는 그들이 신분이 낮은 사람을 지배하는 일이 지극히 자연스러운 반면, 하층 계급의 사람이 평등한 대우를 주장하거나 자신들에게 권력을 행사한다는 생각은 너무나도 부자연스러운 일이었음을 볼 수 있습니다. 종속 상태에 있는 사람들도 크게 다를 바 없었던 것 같습니다. 해방된 농노나 자치도시의 시민들은 신분 상승을 위해 가장 치열하게 투쟁을 하던 때에도 결코 권력의 한몫을 차지하겠다는 주장은 하지 않았습니다. 자신들에게 가해지는 가혹한 힘을 어느 정도 제약할 것만을 요구했을 뿐입니다. 자연스럽지 않다는 것이 일반적으로 관습에 어긋난다는 의미인 것처럼, 일상적인 것은 전부 자연스럽게 보이는 것도 사실입니다.

남성에 대한 여성의 종속이 보편적인 관습이라면 그런 관습에서 조금만 벗어나도 자연스럽지 않게 보이는 일은 당연합니다. 하지만 이 경우에도 감정이 관습에 아주 상당히 영향을 받고 있음이 수많은 경험을 통해 드러납니다. 영국에서 멀리 떨어진 곳에 사는 사람들은 영국이 여왕의 지배를 받고 있다는 사실을 듣게 되면 너무나도 놀랍니다. 그들 입장에서는 거의 믿을 수 없을 정도로 부자연스러운 일이기 때문이지요. 영국인들은 여왕이 지배하는 체제가 익숙하기 때문에 이는 조금도 부자연스러운 일이 아닙니다. 하지만 여성이 군인이 되거나 국회의원이 되는 것은 자연스럽지 않다고 생각합니다. 이에 반해 봉건 시대에서는 여성이 전쟁과 정치에 참여하는 것을 자연스럽다고 생각했습니다. 이례적인 일이 아니었기 때문입니다. 특권 계층의 여성들은 남성다운 기질을 가지고 있어야 하며, 신체적인 힘을 제외하면 아버지나 남편에 비해 열등한 점이 없다는 생각이 당연해 보였습니다. 독자적 존재로서 여성의 의미가 다른 고대인들에 비해 그리스인들에게는 비교적 덜 부자연스러운 일이었습니다. (사람들이 허구의 존재라고 믿고 있지만) 전설적인 아마존의 여인들[9]과 더불어 스파르타 여인들이 보여주는 일부 사례들 때문입니다. 스파르타 여인들은 비록 법적으로 종속되어 다른 그리스 도시국가들의 여성들에 비해 나을 바 없는 처지였지만, 실은 많은 자유를 누렸으며 남성과 동일한 방식으로 체력 훈련을 받는 등 결코 남성에 비해 자질이 부족하지 않다는 것을 충분히 입증했습니다. 스파르타의 사례에 비추어 플라톤이 그의 수많은 이론 가운데 남성과 여성이 사회적으로나 정치적으로 평등하다는 주장을 했음은 의심의 여지가 거의 없습니다.

그러나 남성이 여성을 지배하는 것은 힘의 원칙에 의한 것이 아니라는 점에서 다른 경우와 차이가 있다고 말할 수도 있습니다. 여성의 종속은 자발적으로 받아들여졌으며, 여성은 아무런 불만을 보이지 않고 이 체제에 동의하는 일원이라면서 말이지요. 그러나 무엇보다 수많은 여성이 이 체제를 받아들이고 있지는 않습니다. 글쓰

---

[9] 그리스 신화에 나오는 여성 전사족.

기(여성이 자신의 생각을 밝힐 수 있도록 사회가 허용한 유일한 방식이지요)를 통해 자신의 감정을 알릴 수 있는 여성들이 등장한 이후 점점 더 많은 여성이 자신의 사회적 상황에 대한 불만을 글로 기록하고 있습니다. 최근에는 대중에게 알려진 저명한 여성 인사들의 주도로 수많은 여성이 의회 선거에 참여할 수 있는 권리를 줄 것을 의회에 청원하고 있습니다. 여성이 동일한 분야의 학문을 남성과 마찬가지로 충실하게 교육받아야 한다는 요구가 점차 강해지고 있으며, 그렇게 될 가능성이 매우 높습니다. 한편으로 지금까지 여성에게 닫혀 있던 전문직이든 일반직이든 일할 수 있게 해달라는 요구도 매년 더 급박해지고 있습니다. 미국과는 달리 여기 영국에서는 여성의 권리에 이목을 집중시키기 위해 정기적으로 집회가 열리거나 조직적인 모임이 등장하지는 않았지만, 참정권 획득[10]이라는 좀 더 한정된 목표를 위해 여성들이 조직해서 운영하는 활발한 단체들이 수없이 많

---

[10] 영국에서 여성의 참정권은 1918년에 이르러 부여됐다. 참고로 미국은 1920년, 일본은 1945년, 한국은 1948년에 여성 참정권이 주어졌다. 한편, 밀은 19세기 대표적인 여성 참정권 운동을 벌인 사상가이자 정치인이었다.

습니다. 영국과 미국에서만 자신들이 처한 불리한 조건에 대항하여 여성들이 집단행동에 나서기 시작한 것은 아닙니다. 프랑스, 이탈리아, 스위스, 러시아에서도 같은 일이 벌어지고 있습니다. 얼마나 많은 여성이 묵묵히 동일한 열망을 마음속에 품고 있는지는 아무도 알 길이 없습니다만, 여성이 가진 적절한 특성과 어울리지 않는다며 부단히도 길들여지지 않았다면 훨씬 더 많은 여성이 열망을 품었을 것이라는 분위기는 충분히 형성되어 있습니다.

아울러 속박을 받는 계층이 단번에 완전한 자유를 요구한 적은 없다는 사실도 기억해야 합니다. 시몽 드 몽포르[11]가 최초로 하원의원들의 의회 참석을 요구했을 때, 그들 중 어느 누가 지역구민들에 의해 선출된 의회가 내

---

[11] Simon de Montfort 1208~1265. 제6대 레스터 백작이자 1대 체스터 백작. 왕제 개혁 운동을 주도한 프랑스 출신 영국 귀족이자 영국 의회의 창시자이다. 잉글랜드의 국왕 헨리 3세의 누이동생과 결혼했으나, 국왕이 대헌장을 무시하고 폭정을 하자 귀족의 지도자가 되어 왕과 싸웠다.

각의 구성과 해산을 맡고, 국정에 대해 왕에게 요구해야 한다는 꿈을 꾸기나 했을까요? 그런 생각은 가장 야심 찬 이들마저 상상조차 하지 못했습니다. 귀족 계급은 이미 그런 요구를 하고 있었지만, 평민 계급은 그저 아무 때고 거둬들이는 세금 납부에서 면제되거나 왕실 관리들이 개별적으로 벌이는 가혹한 억압으로부터 벗어나려고만 했습니다. 고대 사회부터 어떤 권력의 영향 아래 있는 사람들이 ─ 권력 자체가 아닌 ─ 권력을 압제적으로 행사하는 것에 불만을 갖는 것이야말로 정치의 자연 법칙입니다. 남편의 학대를 호소하는 여성들이 결코 적지 않습니다. 만약 학대가 반복되거나 학대 강도가 점점 높아지지만 불만을 토로할 수 없는 경우까지 포함하면 그 수는 훨씬 더 늘어날 것입니다. 권력은 그대로 유지시킨 채 여성을 학대로부터 보호하려는 모든 시도가 헛수고가 되는 것은 그 때문입니다. 상해를 입었다고 사법적으로 입증된 사람이 그 상해를 가한 범인의 물리적 힘 아래에 다시 놓이도록 하는 경우(아이들의 경우를 제외하면)는 결코 없습니다. 그렇지만 아내들은 아무리 가혹하고 오랜 기간 육체적 학대를 받은 경우에도 자신들을 보호하기 위해 만들어진 법의 도움을 받을 생각을 감히 하지 못합니다. 설혹 순간적으로 참을 수 없는 분노나

이웃의 간섭으로 법의 도움을 청하게 되더라도 이후 그들이 전력을 다하는 일은 자신이 할 수 있는 한 학대 내용을 가능한 들추어 내지 않고 자신의 폭군으로부터 당연한 응징을 받지 않기를 애걸하는 것뿐입니다.

모든 사회적·자연적 원인들이 결합되어 여성이 집단적으로 남성의 위력에 대항하는 일을 여의치 않게 만듭니다. 여성은 그 지배자가 실제 복종하는 것 그 이상을 요구한다는 점에서 다른 모든 종속 계층과는 매우 다른 위치에 있습니다. 남성은 단지 여성의 순종만을 바라는 것이 아니라 여성의 정서까지도 지배하기를 원합니다. 아주 잔인한 부류가 아니라면, 모든 남성은 자신과 가장 밀접한 관계에 있는 여성이 강요에 의한 노예가 아니라 자발적인 노예가 되기를 바랍니다. 그저 노예가 아니라 자신의 마음에 드는 사람이 되기를 바라는 것이지요. 그래서 남성은 여성의 마음을 노예처럼 복종시키기 위해 실행할 수 있는 모든 수단을 강구합니다. 다른 노예의 주인들은 노예를 계속 복종시키기 위해 두려움에 의존합니다. 자신을 무서워하게 만들거나 종교적인 공포심을 이용하는 것이지요. 그러나 여성을 지배하는 자들은 단순한 복종 그 이상을 기대하고, 온갖 교육의 힘을 이용해서 그 목적을 성취하려고 합니다. 모든 여성은 아주 어려서부터 여성의 바람직한 성격은 남성의 그것과는 전혀 다르다는 생각을 주입받으며 성장합니다. 자기 의지나 자제력으로 결정하는 것이 아니라 복종하거나 타인의 통제에 순응하는 것이야말로 이상적인 태도라고 말이지요. 도덕 체계는 그렇게 사는 것이 여성의 의무라고 가르치고 있으며, 타인을 위해 사는 것이 여성의 본성이라는 정서적 분위기가 만연해 있습니다. 여성은 자기 자신을 완전히 버리고, 자신이 사랑하는 이들을 위해 인생을 걸어야 합니다. 그리고 자신이 사랑하는 이들이란 여성에게 허용된 유일한 상대, 즉 부부관계를 맺은 남성이나 그 남성과의 사이에서 부차적으로 생겼으나 버릴 수 없는 인연을 맺은 자식을 의미합니다. 그러므로 세 가지 사항, 즉 남성과 여성이 상대방에게 끌리는 것은 자연스러운 일이고, 아내가 남편에게 전적으로 의존하는 상황에서 아내가 누리는 특권이나 즐거움은 남편이 주거나 전적으로 남편의 의지에 달린 일이며, 인간이 추구하고 고려하는 중요한 목표와 사회적 야망의 대상이 여성의 입장에서는 일반적으로 남성을 통해 모색하거나 획득할 수 있다는 사실을 종합해서 생각할 때, 오히려 남성에게 매력적인 대상이 되는 것이 여성의 교육과 성격 형성에 기본 방침이 되지 않는다면 기적 같은 일이 될 것입니다.

이처럼 여성의 마음에 영향을 미칠 수 있는 훌륭한 수단을 손에 넣으면서 남성은 자신의 이기적인 본능에 따라 여성에게 온순하고 고분고분하며 자신의 의지를 버리고 남성의 구미에 맞게 사는 것이 성적 매력의 본질적인 부분이라고 설득하는 식으로 여성을 복종시키는 수단을 최대한 이용했습니다. 만약 여성의 멍에에서처럼 동일한 수단들이 있었고 인간의 마음을 복종시키기 위해 그 수단들이 끈질기게 사용되었다면, 인간이 벗어나는 데 성공한 다른 어떤 멍에도 지금까지 존재하고 있지 않겠습니까? 만약 젊은 평민은 귀족의 총애를 받으려 하고 젊은 농노는 영주의 환심을 얻는 것을 삶의 목표로 삼는다면, 귀족이나 영주의 뜻에 따라 행동하고 사적인 호감을 얻는 것이 평민이나 농노가 기대할 수 있는 상으로 간주될 것입니다. 가장 재능이 뛰어나고 장래가 촉망되는 이가 가장 좋은 상을 받게 되되, 자신과 관련이 없는 온갖 이해관계, 즉 자신이 공감하거나 주입되지 않은 온갖 감정과 욕망에 대해 철저히 차단당한다면, 귀족과 영주, 평민과 농노는 오늘날의 남성과 여성만큼이나 완전히 서로 다른 존재가 되지 않았을까요? 일부 사상가를 제외하고 모든 이가 그런 차이를 인간 본성에서 근본적이며 변하지 않는 사실이라고 믿지 않겠습니까?

지금까지 살펴본 내용을 고려해 보면 아무리 보편적인 관례라고 해도 사회적으로나 정치적으로 여성이 남성에게 종속되는 제도를 옹호하는 이유가 되지 않으며 그런 편견을 만들어 내서는 안 된다는 것이 충분히 드러났습니다. 하지만 나는 여기서 더 나아가 역사의 과정과 인간 사회의 진보적 경향이 이런 불평등한 권리 체계를 옹호하지 않을 뿐 아니라 그런 체계에 강력하게 반대하고 있음을 주장합니다. 지금까지 인간이 발전해 온 전체 과정, 현대적인 경향으로 이어지는 커다란 흐름에 비추어 볼 때, 과거의 이런 유물은 미래와 조화를 이루지 못한 채 방해가 될 것이 분명하므로 반드시 사라져야 합니다.

그렇다면 현대 사회의 고유한 특징은 무엇일까요? 현대의 제도, 현대의 사회사상, 현대의 삶 그 자체가 오래 전 과거의 것들과 특히 구별되는 차이점은 무엇일까요? 바로 인간은 더 이상 사회적 지위를 타고 난다거나 타고난 신분에서 벗어날 수 없는 족쇄에 평생 묶여 있지 않고, 자신의 능력과 주어진 유망한 기회를 이용해서 자신에게 가장 어울릴 것으로 보이는 운명을 달성할 수 있는 자유로운 존재가 되었다는 것입니다. 과거의 인간 사회는 전혀 다른 원리를 바탕으로 이뤄졌습니다. 모든 사람은 정해진 사회적 신분을 가지고 태어났고, 대체로 법에 의해 그 신분이 유지되거나 타고난 신분에서 벗어나려는 어떤 시도도 금지되었습니다. 누군가는 백인으로 태어나고 다른 누군가는 흑인으로 태어나는 것과 마찬가지로 어떤 사람은 노예로 태어나고 또 어떤 사람은 자유인과 시민으로 태어났습니다. 귀족으로 태어난 사람이 있는가 하면 평민으로 태어난 사람도 있고, 봉건 귀족으로 태어난 경우가 있는가 하면 평민이나 벼락부자의 자식으로 태어난 경우도 있었습니다. 노예나 농노는 결코 스스로 자유인이 될 수 없었고, 주인의 의지가 없다면 그렇게 될 수도 없었습니다. 대부분의 유럽 국가에서는 중세가 끝날 무렵 왕권이 강화되면서 평민들이 귀족에 봉해질 수 있었습니다. 귀족 중에서도 장남은 태어나면서부터 아버지의 소유물에 대한 유일한 계승자가 되었고, 아버지가 장남의 상속권을 박탈할 수 있는 것이 완전히 정착된 때는 한참 후의 일입니다. 상공 계급에서는 길드의 회원으로 태어났거나 길드 회원들이 입회를 허락한 사람들만 지역의 제한 구역 내에서 합법적으로 직업에 종사할 수 있었습니다. 이런 권위적인 절차를 거치지 않는다면 법적으로는 그 누구도 중요하다고 생각되는 직업에 종사할 수 없었습니다. 제조업자들은 주제넘게 새롭고 발전된 방식으로 일을 한다고 웃음거리가 되었습니다. 그렇지만 오늘날의 유럽, 특히 다른 모든 현대적인 발전을 이끌어온 지역 대부분에서 현재 정반대의 원칙이 지배하고 있습니다. 법이나 정부는 사회활동 혹은 산업활동을 누가 이끌어야 한다거나 이끌지 말아야 한다는 것을 규정하거나 어떤 방식이 합법적인지 나서서 규정하지 않습니다. 이러한 것들은 개인의 자유로운 선택에 맡겨졌습니다. 영국에서는 노동자가 도제 기간을 거쳐야 한다고 명한 법까지도 폐지되었습니다. 도제가 필요한 경우라면 그 필요성에 의해 충분히 알아서들 실시할 것이라는 확신이 있는 것이지요. 예전 이론에서는 되도록 개인에게 선택권을 맡기지 않아야 하며, 개인이 해야 할 일은 실질적으로 더 뛰어난 지혜를 가진 사람이 전부 대신 정해줘야 한다고 했습니다. 각 개인에게 맡기면 틀림없이 잘못될 것이라고 봤습니다. 하지만 천 년에 걸친 경험의 결과, 현대 사회에서는 직접적인 이해관계가 있는 문제를 당사자의 판단에 맡겨두면 절대 잘못되지 않을 것이며, 다른 사람의 권리를 보호하는 경우를 제외하고 개인의 판단을 권력으로 통제한다면 반드시 나쁜 결과가 있을 것이라는 확신이 있습니다. 그럴듯한 거의 모든 반대 이론을 적용했지만 처참한 결과가 나오고서야 비로소 오랜 시간을 거쳐 이런 결론에 도달했지요. 그리고 이제는 (산업 부문에서) 대부분의 선진국, 즉 어떤 식으로든 발전을 이뤘다고 자처하는 모든 나라에서 거의 보편적으로 통용되고 있습니다. 모든 과정이 똑같이 좋을 것이라거나 누구나 모든 것을 할 수 있는 자격이 똑같이 있다고 주장하는 게 아니라, 개인에게 주어진 선택의 자유는 최선의 과정을 택할 수 있게 하며, 그 과정의 실행을 가장 적합한 사람에게 맡겨지도록 하는 유일한 방법으로 알려져 있다는 것입니다. 팔 힘 센 사람만이 대장장이가 될 수 있다고 규정한 법이 필요하다고 생각하는 사람은 없습니다. 대장장이가 팔 힘이 강해지는 것은 자유와 경쟁만으로도 충분합니다. 팔 힘이 약한 사람은 자신에게 더 적합한 다른 직업에 종사하면 더 많은 돈을 벌 수 있을 테니까요. 이런 원칙에 따라서, 어떤 사람은 특정한 일을 하는 것이 어울리지 않는다는 애매한 선입견을 이유로 미리 결정하는 것은 권력의 정당한 범위를 넘어서는 것으로 인식됩니다. 이제는 그런 선입견이 있더라고 그건 분명 잘못되었음을 명확하게 알고 인정하고 있습니다. 설령 시장의 선택이 대부분의 사례에서 충분히 근거가 있다고는 해도, 그런 생각이 받아들여지지 않는 소수의 예외적인 사례도 있을 겁니다. 그런 사례에서 자기 자신의 이익과 다른 사람의 이익을 위해 자신의 능력을 발휘하는 사람을 방해하는 것은 개인에게 부당한 일이고 사회에는 해가 됩니다. 반면에 특정한 일에 어울리지 않는 것이 사실인 경우, 인간이 행동하는 보편적인 목적에 의해서 그 무능한 사람이 특정한 일을 시도하거나 지속하는 것이 충분히 방지될 것입니다.

만약 이런 사회과학과 경제학의 일반 원리가 사실이 아니라면, 개인이 — 개인은 자신을 잘 아는 사람의 의견에서 도움을 얻습니다 — 자신의 역량이나 직업에 대해 법이나 정부보다 판단을 더 잘하지 못한다면, 세상은 이른 시기에 이런 원리를 버리고 규제와 무능으로 상징되는 이전 체제로 돌아갈 수밖에 없습니다. 하지만 이런 원리가 사실이라면, 우리는 마치 그 원리를 믿고 있는 것처럼 행동해야 하며, 백인이 아닌 흑인으로 혹은 귀족이 아닌 평민으로 태어난 것 이상으로, 남성이 아닌 여성으로 태어났다는 이유로, 누군가의 위치를 평생 결정하고 더 높은 사회적 지위에 오르는 것을 금지하면서 몇몇 예외 이외의 괜찮은 직업에 종사하지 못하도록 명령하는 일은 없어야 합니다. 현재 남성들에게 부여된 모든 역할에 대해 그들에게 더 잘 맞는다는 근거 없는 주장을 최대한 받아들인다면, 그런 주장은 의회 의원이 되는 법적 자격을 제한하는 것에도 마찬가지의 이유를 적용해야 합니다. 단지 12년에 한 번뿐이더라도 그런 자격 조건으로 인해 적합한 인물이 배제된다면 실제로 손실인 반면 부적합한 인물 수천 명을 배제해서 얻는 이익은 없습니다. 선거기구에서 법에 따라 부적격자를 골라 배제시킨다고 해도 그런 대상은 언제나 수없이 많기 때문입니다. 난이도나 중요도와 관계없이 모든 면에서 일을 잘 할 수 있는 사람은 필요한 것보다 부족하고, 심지어 선택의 범위가 가장 넓은 경우에도 그렇습니다. 그러므로 선택의 폭을 제한하는 것은 무능한 사람으로부터 사회를 구하지도 못하면서 유능한 사람이 사회에 봉사할 수 있는 기회를 박탈하는 셈입니다.

오늘날 더 발전한 나라들에서도 여성들은 유일하게 태

어나자마자 차별을 받으며 특정한 일을 두고 남성을 상대로 경쟁하는 것이 평생 법과 제도에 의해 차단되고 있습니다. 물론 예외인 경우가 있습니다. 바로 왕실입니다. 여전히 왕위를 계승할 신분으로 태어나는 인물들이 있습니다. 왕실의 직계 가족이 아니면 결코 왕위를 차지할 수 없고, 왕실의 직계 가족이라고 해도 왕위 계승 과정을 거치지 않으면 어떻게 하더라도 왕위에 오를 수 없습니다. 이런 경우만 제외하면 남성은 누구나 다른 모든 작위나 사회적으로 우월한 지위를 누릴 수 있습니다. 사실 대부분은 부유하기만 하면 얻을 수 있는 것인데, 부는 누구나 추구할 수 있으며 실제로 아주 미천한 신분의 많은 남성이 많은 부를 쌓았습니다. 대다수 사람은 운이 좋아 도움을 받지 않으면 어려움을 이겨내는 일이 쉽지 않습니다. 하지만 남성에게 법적으로 금지되는 일은 전혀 없습니다. 자연적인 방해물에 더해 법이나 여론에 의한 인위적인 방해물이 다시 보태지는 경우도 없습니다. 앞서 말했듯이 왕실은 역시나 예외입니다. 하지만 이 경우에는 모든 사람이 예외라고 생각합니다. 왕실은 관습이나 원리에서 뚜렷한 대조를 이룬다는 점에서 현대 사회에서는 이례적인 체제이고, 예외적으로 특별한 편의성에 의해서만 그 존재가 정당화되고 있습니다. 비록 그런 편의성이 얼마나 중요한지에 대해서는 개인과 나라에 따라 평가가 다르지만, 실제 그런 편의성이 있다는 것은 의심할 수 없지요. 하지만 중요한 이유로 사회적 지위가 높은 역할을 경쟁에 붙이는 게 아니라 태생에 따라 부여하는 이런 예외적인 경우에서는, 모든 자유국가가 표면상으로는 폐지한 이 원리[12]에 실질적으로 집착합니다. 이런 중요한 역할을 맡을 자격이 분명히 있는 사람[13]으로 하여금 그 역할을 하지 못하게 할 의도로 공공연히 여러 제한을 가하는 반면, 그 역할을 수행하는 사람이 ― 즉, 책임 장관이 ― 성인 남성이라면 그 누구도 법적으로 제외되지 않는 경쟁을 통해 그 자리를 차지하게 합니다. 그러므로 단지 여성으로 태어났다는 사실만으로 중대한 사회적 역할을 하지 못하게 되는 것은 현대 사회의 법체계에서 유일한 예외적인 사례인 셈입니다. 인류의 절반에 속하는 사람들에게 해당되는 이 경우를 제외하고는 태생처럼 노력을 해도 소용없고 환경을 바꾸어도 극복할 수 없는 운명 때문에 중대한 사회적 역할

---

[12] 여성과 남성이라는 출생신분으로 차별하는 원리.

[13] 문맥상 여성.

을 할 수 없게 되는 일은 없습니다. 왜냐하면 심지어 종교적 불이익(영국을 비롯한 유럽에서는 종교적 불이익이 실질적으로 거의 사라졌습니다)조차 사라졌기 때문입니다. 단지 개종을 했다는 이유만으로 자격 없는 사람의 경력을 막지는 않으니까요.

그러므로 여성이 사회적으로 종속 위치에 있다는 것은 현대의 사회제도에서 유례없는 경우이고, 현대 사회의 기본법을 침해하는 유일한 사례이며, 구시대의 사고와 관행이 파괴된 다른 모든 분야와는 달리 가장 보편적인 관심을 받는 한 가지 분야에만 남아있는 단 하나의 유물입니다. 마치 거대한 고인돌이나 주피터 올림포스 사원이 사도 바울의 유적을 차지한 채 매일 참배객을 받아들이는 반면, 그 주변 교회들에는 금식일과 축제일에만 사람들의 발길이 이어지는 것과 같습니다. 하나의 사회적 사례와 그에 수반되는 다른 모든 것 사이의 총체적인 불일치, 그 사례의 본질과 진보적인 흐름 — 현대 세계의 자랑인 동시에 비슷한 성격의 다른 모든 형태[14]를 잇따

---

[14] 노예 제도를 포함하여 구시대의 사회 형태.

라서 쓸어버린 그 흐름 — 사이의 완전한 대립은 양심적이고 인간적인 성향의 사람들에게는 분명 심사숙고할 중대사입니다. 이런 불일치나 대립 상황에서 관습이나 관례가 미치는 영향력을 더 크게 받는 쪽은 이 상황으로 유리한 쪽에 위치한 사람들이 아니라 불리한 쪽에 위치한 사람들이라고 추론할 수 있으며, 또한 공화주의와 군주제 사이에서 선택하는 것처럼, 적어도 이 문제에 대해 균형 잡힌 질문을 던지는 것까지는 가능해야 합니다.

이 문제는 기존의 사실이나 기존 여론에 따라 예단해서 보아서는 안 되며, 정의와 편의의 문제로서 그 장점에 대해 자유롭게 토론할 수 있어야 합니다. 인류의 다른 사회 제도와 마찬가지로 이 문제에 대한 결정은 성별의 구분 없이 인류 전체에 가장 이익이 될 수 있는 경향과 결과를 현명하게 예측한 것에 따라야 합니다. 그리고 그 토론은 애매하고 일반적인 주장을 내세우는 수준에서 만족하는 것에 그치지 않고 근본까지 파고들어가는 진지한 토론이 되어야 합니다. 예를 들어 인류의 경험을 생각해 볼 때 기존 체제가 좋았다는 막연한 주장을 해서는 안 됩니다. 둘 가운데 하나만을 경험을 하는 한, 도저히 경험을 통해서는 둘 중에 어느 하나를 결정할 수는 없으니까요. 남녀평등주의가 단지 이론에 바탕을 둔 것이라고 말한다면 남녀평등주의와 반대되는 주장 역시 이론에만 의존하고 있음을 짚고 넘어가야겠습니다. 남녀평등주의와 반하는 제도를 직접 경험한 결과, 그 장점으로 드러난 것은 인류가 그 제도 아래에서 이제껏 생존해 왔고 지금 우리가 보는 것과 같은 수준의 발전과 번영을 이루었다는 것입니다. 하지만 다른 제도 아래 있었다면 번영을 더 빨리 혹은 지금보다 더 크게 이루지 못했으리라는 점을 그 경험으로는 알 수 없습니다. 반면에 우리는 경험을 통해 발전의 모든 단계에는 변함없이 여성의 사회적 지위 향상의 단계가 동반되었기 때문에, 역사학자나 철학자는 전반적으로 한 민족이나 한 시대의 문명화를 가늠하는 가장 확실하고 정확한 수단으로 여성의 지위 상승 혹은 하락을 받아들이게 되었습니다. 인류 역사의 모든 발전 단계를 거치면서 여성의 지위는 남성과 동등한 수준에 거의 근접해 왔습니다. 이것만으로는 남녀의 동화가 평등을 완성하는 데까지 지속돼야 함을 입증하는 것은 아니지만, 그렇게 돼야 한다는 주장을 분명히 뒷받침합니다.

남성과 여성의 타고난 본성 때문에 현재와 같은 역할과

지위에 놓이게 되었고 그것이 남녀 모두의 본성에 어울린다고 말할 수 있는 근거는 없습니다. 지금처럼 서로의 관계 속에서만 한쪽의 위치를 볼 수밖에 없다면, 상식과 인간 정신의 본질에 입각해서 볼 때 나는 어느 누구도 남성과 여성의 본성에 대해 알고 있거나 알 수 있다고 생각하지 않습니다. 만약 사회에서 여성 없이 남성만 있었거나, 반대로 남성 없이 여성만 있었거나, 또는 여성이 남성의 지배를 받지 않고 남성과 여성이 공존하는 사회가 있었다면, 남성과 여성 각자의 본성에 본래부터 들어 있는 정신적·도덕적 차이에 대한 긍정적인 면이 알려졌을지도 모를 일입니다. 오늘날 여성의 본성이라고 부르는 것은 대단히 인위적입니다. 어떤 방향으로 강제적으로 억압하거나 다른 방향으로 부자연스럽게 자극한 결과인 셈이지요. 종속 상태에 있는 다른 계급 가운데 주인과의 관계로 말미암아 본성의 타고난 균형이 완전히 뒤바뀌는 경우는 없다고 거리낌 없이 주장하고 나설지도 모르겠습니다. 왜냐하면 정복을 당한 사람들이나 노예가 된 사람들은 어떤 면에서 더 가혹하게 억압을 당하기는 하지만 일부 본성은 압제에 의해 파괴되지 않은 채 보통은 방치되었다가도 발전시킬 수 있는 일부 자유가 주어진다면 그 본성의 법칙에 따라 발전시켰기 때문입니다. 하지만 여성의 경우에는 온실 재배 일을 하거나 집안일을 할 때 언제나 타고난 일부 능력을 발휘해왔지만, 그것은 가장인 남성의 이익과 즐거움을 위한 것이었습니다. 전체적으로 활력이 넘치는 특정 작물이 따뜻한 대기 속에서 충분한 양분과 물을 섭취하면 무성하게 싹을 틔우고 대단히 잘 자라는 반면, 같은 뿌리에서 나온 싹이라고 해도 차가운 대기 속에 방치하거나 일부러 온통 얼음이 쌓이게 둔다면 성장이 더딜 것이고 일부는 말라서 죽어버립니다. 남성은 자신의 방법이 분석적인 사고방식과는 거리가 멀다는 것을 제대로 인식하지 못한 채, 나무는 남자들이 해놓은 방식대로 알아서 자랄 것이라고 태평하게 생각합니다. 나무의 절반이 수증기 가득한 욕실에 있지 않는다면, 그리고 그 나머지 절반은 눈 내리는 야외에 있지 않는다면, 죽게 된다는 식입니다.

인간 사고의 발전을 저해하고 삶과 사회 제도에 대해 탄탄한 견해를 갖추지 못하게 방해하는 온갖 어려움 중에 가장 큰 어려움은 인간의 성격 형성에 영향을 미치는 것들에 대한 말도 못할 정도의 무지와 무관심입니다. 현재 인간들 중에 어느 정도가 어떤 경우에 해당되는지 또는 어떤 경우에 해당되는 것처럼 보이는지 상관없이 인간은 그렇게 되는 성향을 타고난다고 가정합니다. 하지만 그들이 처한 상황에 대해 가장 기초적인 지식만 있어도 그런 상황에 놓이게 된 이유를 명확히 알 수 있습니다. 아일랜드의 한 소작농이 부지런하지 않은 탓에 지주에게 제때 돈을 지불하지 못한다면서 아일랜드인 전체가 천성적으로 게으르다고 생각하는 사람들이 있습니다. 헌법을 수호하도록 임명된 권력자들이 헌법을 수호하지 않으면 헌법이 폐기될 수 있다는 이유로 프랑스인들은 자유에 입각한 통치를 할 능력이 없다고 생각하는 사람들이 있습니다. 그리스인들이 터키인들을 속였고 터키인들은 그리스인들만 약탈했을 뿐이라는 이유로 터키인들이 천성적으로 더 정직하다고 생각하는 사람들도 있습니다. 흔히들 여성은 자신의 개인적인 일을 제외하고 정치에 대해서는 아무런 관심이 없기 때문에 여성이 천성적으로 남성보다 공익에 흥미가 없다고 주장합니다. 오늘날 역사에 대한 이해가 과거보다 훨씬 높아진 가운데 우리는 또 하나의 교훈을 얻을 수 있습니다. 외부 환경에 인간 본성이 유난히 영향을 받는 경우만 보여준다면, 가장 보편적이며 불변이라고 하는 인간 본성이 극단적으로 변화한다는 것입니다. 하지만 여행할 때와 마찬가지로 남자들은 대체로 이미 자신의 마음속에 있는 것만 보고, 많은 것을 생각하지는 않기 때문에, 역사를 통해 많은 것을 배우는 이도 거의 없습니다.

그러므로 오늘날의 사회 상황에서 '남성과 여성 사이의 기본적인 차이점은 무엇인가?'라는 가장 어려운 문제에 대해 완벽하고 정확한 답을 얻는 것은 불가능합니다. 거의 모든 이가 이 문제를 독단적으로 판단하며, 부분적인 통찰이라도 얻을 수 있는 유일한 방법마저 우습게 보고 거의 전부 무시합니다. 환경이 사람의 성격에 영향을 미친다는 이 법칙은 심리학에서 가장 중요한 분야에서 분석 연구될 가치가 있습니다. 왜냐하면 남성과 여성 사이의 도덕적·지적 차이가 너무 크거나 도저히 메울 수 없을 것 같다고 해도 천성적으로 차이가 있음을 입증할 증거는 그다지 없을 테니까요. 인위적인 것이 아니라 자연적인 것이라고 추측할 수 있는 것은 남성이나 여성 어느 쪽이든 모든 특징 가운데 교육이나 외부 환경의 영향이라고 설명할 수 있는 것을 제외한 나머지 특징들뿐일 겁니다. 도덕적이고 합리적인 존재라고 여겨지는 남성과 여성 사이에 어떤 차이점이 있고 심지어 그 차이점이 무엇인지 단언할 수 있으려면 반드시 성격 형성의 법칙에 대해 깊은 지식이 있어야 합니다. 그러나 지금까지는 아무도 그런 지식을 가지고 있지 않기 때문에(그 중요성에 비해 이렇게 연구가 거의 이뤄지지 않은 학문도 없을 것입니다) 누구도 이 문제에 대해 명확한 의견을 내놓을 자격이 없습니다. 지금으로서는 추측만 할 수 있을 뿐입니다. 사람의 성격 형성에 적용되는 기존의 심리학의 법칙 같은 지식에 의존하는 어느 정도 그럴듯한 추측만을 말이지요.

어떻게 그런 차이점이 생기는지에 관한 문제는 차치하고라도 오늘날 남성과 여성의 차이점에 관한 가장 기초적인 지식조차 여전히 엉성하고 매우 불충분한 상황입니다. 의료계 종사자들과 생리학자들은 남성과 여성이 신체 구조면에서 차이가 있다는 것을 어느 정도 확인했습니다. 이것은 심리학자들에게 중요한 점이었지만, 의료계 종사자들 가운데 심리학 전문가는 거의 없습니다. 의료계 종사자들이 여성의 정신적 특징에 관해 일반인보다 더 많이 안다고 할 수 없습니다. 이 문제에 대해 유일하게 실질적으로 알 수 있는 사람, 즉 여성 자신이 의견을 거의 밝히지 않는다거나 어렵게 밝힌 의견이 대체로 거짓이라면 정확한 지식을 전혀 얻을 수 없는 문제입니다. 어리석은 여성을 식별하는 것은 쉬운 일입니다. 어리석음이라는 것은 세계 어디서나 똑같으니까요. 어리석은 사람의 생각과 감정은 그 주변 사람들 사이의 지배적인 생각과 감정에 비추어 확실히 추론할 수 있을 겁니다. 그런데 자기 본성과 역량이 생각과 감정을 뿜어내는 사람들은 그렇지 않습니다. 여성의 성격에 대해 그나마 지식을 가질 수 있는 사람은 그 여성의 가족 남성뿐입니다. 여성의 능력을 두고 말하는 것이 아닙니다. 그 누구도 여성의 능력에 대해 아는 바가 없습니다. 심지어 대다수의 여성은 이제껏 능력을 발휘할 수 없었기 때문에 여성 자신도 알지 못합니다. 내가 말하는 것은 실제로 여성이 지금 갖고 있는 생각과 감정입니다.

많은 남성은 몇몇 혹은 많은 여성과 연애를 해봤기 때문에 여성을 완벽하게 이해한다고 생각합니다. 만일 그 남성이 눈치가 빠르고 양적인 측면뿐만 아니라 질적인 측면도 경험을 했다면 여성의 본성에서 한정된 한 부분은 알게 되었을지 모르겠습니다. 그것이 중요한 부분이라는 것은 의심의 여지가 없습니다. 하지만 그 나머지 부분에 대해서는 대개 오히려 더 무지합니다. 아주 면밀하게 숨겨져 있어서 알려진 것이 거의 없기 때문입니다.

대체로 남성이 여성의 특성을 세밀히 살펴보기에 가장 적합한 경우는 자신의 부인을 통해서입니다. 부인을 통해 여성의 특성을 살펴볼 기회가 많아지고, 여성에게 충분히 공감하는 경우도 당연히 심심찮게 생깁니다. 내 생각에 이 문제에 관해 그나마 지식이 쌓여있다면 대체로 이런 경우에서 비롯된 지식입니다. 하지만 이런 식으로 여성을 상대하는 경우에도 대다수 남자는 한 명의 여성을 알 수 있을 뿐입니다. 따라서 우스꽝스럽게도 남성은 여성 전체에 대한 자신의 견해에 근거하여 자기 부인이 어떤지 추측할 수 있습니다. 심지어 이 한 가지 경우에도 어떻든지 결과를 도출하기 위해서는 그 여성이 연구할 만한 가치가 있어야 하며, 남성은 판단력을 뛰어나야 할 뿐만 아니라 본래 동정심이 있는 성격이어서 여성의 상황에 충분히 공감해서 직관적인 동정심으로 여성의 마음을 읽거나, 아니면 여성이 부끄러워하지 않고 자신의 마음을 밝히게 하는 면이 있어야 합니다. 하지만 내가 생각하기에 이는 정말 드문 경우입니다. 흔히 사람들은 외부의 일에 대해서는 감정적으로 완전히 하나가 되고 이해관계도 일치하지만, 서로 아는 사람들끼리라고 해도 상대방의 내면세계에 대해서는 거의 들어가 보지 못하는 일이 벌어집니다. 심지어 서로 진정 사랑하는 관계라고 해도 한쪽은 지배하는 위치에 있고 다른 한쪽은 복종하는 위치에 있다면 서로에게 완벽한 신뢰를 갖는 일은 어렵습니다. 의도적으로 숨기는 것은 없다고 해도 많은 부분이 드러나지 않습니다. 부모와 자식과의 관계에 비유해 보면, 유사한 현상이 모든 관계에서 분명 나타납니다. 아버지와 아들 사이에 정말 애정이 넘친다고 해도 친구나 동료가 잘 아는 아들의 성격 면면을 아버지는 제대로 모르거나 추측하지도 못하는 일이 얼마나 많은가요? 사실 상대방을 우러러봐야 하는 입장에서 그 상대방에게 진심으로 솔직한 태도를 보인다는 것은 몹시 어색한 일입니다. 자신의 입장이 상대방의 생각이나 감정과는 다를지 모른다는 두려움이 엄청나서 아무리 올곧은 인물이라고 해도 자신의 가장 좋은 면이나 가장 좋은 면은 아니더라도 상대방이 가장 보고 싶어 하는 면만을 보여주려는 경향이 있습니다. 그러므로 친밀할 뿐만 아니라 동등한 관계가 아니라면 서로에 대해 완전히 아는 것은 언제나 거의 불가능하다고 분명하게 말할 수 있습니다. 그렇다면 여성이 남성의 지배 아래 놓여 있을 뿐만 아니라 남성의 편안함과 즐거움을 위해 다른 모든 것을 맞춰야 하며, 남성의 마음에 드는 것을 제외하고 여성 때문에 비롯된 어떤 것도 보여주거나 느끼게 해서는 안 된다는 교육을 받아왔다면, 과연 이 모든 것을 얼마나 적용할 수 있을까요? 이 모든 어려움은 대개 남성이 충분히 연구할 기회가 있는 한 여성에 대해서조차 충분한 지식을 얻을 수 있는 길을 막고 있습니다.

한 여성을 이해한다고 반드시 다른 여성을 이해하는 것은 아니고, 한 계층이나 한 나라의 수많은 여성을 연구할 수 있다고 해도 다른 계층이나 다른 나라의 여성을 이해하는 것은 아니며, 혹 이해한다고 해도 역사에서 어느 한 시대의 여성일 뿐이라는 것을 충분히 고려한다면, 즉 여성이 해야 할 말을 스스로 다 털어놓기 전까지 남성이 여성에 대해 얻을 수 있는 지식이라는 것이 앞으로 여성의 상황이 어떨지는 언급하지 않고 이제까지의 상황이나 지금의 상황이 어떻다는 것을 언급하는 것뿐이라면, 그 지식은 지독히 불완전하고 피상적이며, 앞으로도 그럴 것이라고 충분히 단언할 수 있습니다.

그러나 그런 때는 아직 오직 않았을 뿐만 아니라 온다고 해도 서서히 올 것입니다. 여성이 문학적 소양을 인정받거나 사회에서 인정받아 일반 대중에게 자신의 생각을 밝힐 수 있게 된 것이 불과 얼마 전의 일입니다. 아직까지 대담하게 자신의 생각을 밝힌 여성은 극소수입니다. 여성의 문학적 성공을 좌지우지하는 남성들이 여성의 생각을 들으려 하지 않기 때문입니다. 아주 최근까지도 관습적이지 않은 생각이나 틀에서 벗어난 감정이라고 여겨지는 표현에 대해 심지어 남성 작가의 생각이나 감정이라도 해도 대체로 어떤 반응을 받았고 지금도 어떤 반응을 받는지 생각해 봅시다. 관습이나 여론을 최고의 규칙으로 생각하도록 교육받은 여성이 자신의 내면 깊은 곳에 있는 생각이나 감정을 책 속에 표현하려고 할 때 어떤 방해를 받는지 우리는 제대로 짐작조차 할 수 없습니다. 자기 나라 문학계에서 걸출한 지위에 오르기에 충분한 작품을 남긴 위대한 여성 작가도 자신이 쓴 가장 대담한 책의 첫머리에 이런 인용구를 덧붙이는 것이 필요하다고 생각했습니다. "남성은 용감하게 자신의 의견을 표현할 수 있다. 여성은 남성의 의견을 따라야 한다Un homme peut braver l'opinion; une femme doit s'y soumettre."A 여성이 여성에 대해 쓴 글의 대부분은 남성에 대한 아첨을 담고 있을 뿐입니다. 미혼 여성의 경우, 대부분의 글이 멋진 남편을 얻을 수 있는 가능성을 높이려는 의도처럼 보일 뿐입니다. 기혼과 미혼 구분 없이 많은 여성이 도를 넘어서고 있으며, 매우 저속한 남성을 제외하고 보통의 남성이 열망하거나 즐기는 수준 이상의 노예근성을 심고 있습니다. 그렇지만 아주 최근 들어서는 과거 같은 상황이 그렇게 흔히 보이지 않습니다. 문학계 여성들은 한층 더 자유롭게 자기 목소리를 내고 더 스스럼없이 자신의 진짜 감정을 표현하고 있습니다. 불행하게도 특히 영국에서는 문학계 여성들이 마치 인위적인 생산품 같습니다. 감정은 아주 소량의 사적인 관찰과 의식을 담고 있고, 더 큰 부분은 후천적으로 습득한 것들로 채워져 있습니다. 이런 경향이 점차 더 줄어들기는 하겠지만, 사회 제도에서 남성에게 허용된 만큼 여성에게도 마찬가지로 자유롭게 창의력을 발전시키는 것이 허용되지 않는다면 지금과 크게 다를 바 없이 대체로 그대로 유지될 것입니다. 그런 때가 와야 그제야 우리는 여성의 본성과 그 본성에 다른 것들을 맞추기 위해 알아야 하는 것들을 단순히 듣는 것만이 아니라 적극 살펴보게 될 것입니다.

> 밀 주석 A: 스탈 부인이 쓴 <델핀Delphine>에 나오는 말입니다.

오늘날 남성이 여성의 진짜 본성에 대해 정확한 지식을 얻는 것을 방해하는 것들에 대해 상당히 자세히 설명했습니다. 다른 수많은 문제와 마찬가지로 이 문제도 "가난하게 지내는 가장 큰 이유들 중 하나는 스스로 많이 가지고 있다고 생각하기 때문입니다 opinio copiae inter maximas causas inopiae est." 이 문제에 관해 이성적으로 생각할 수 있을 가능성은 거의 없습니다. 반면 사람들은 대다수 남성이 아무것도 모르며, 현재로서는 어떤 남성이든 혹은 모든 남성을 합쳐서든 여성의 적성이 무엇인지에 대해 원칙을 정할 수 있을 정도의 지식을 갖는 것은 불가능합니다. 다행히도 남성에게는 사회적으로나 일상적으로나 여성의 지위에 관해 그런 지식이 필요한 어떤 실질적인 이유가 없습니다. 현대 사회를 둘러싼 모든 원리에 따르면 이 문제는 여성 자신에게 달려있기 때문입니다. 즉 여성만의 경험과 역량을 이용해서 판단해야 합니다. 어느 한 사람이나 많은 사람이 판단할 수 있는 방도는 없고 직접 노력해 봐야 합니다. 다른 누군가 여성들을 대신하여 그들의 행복을 위해 무엇을 해야 하고 무엇을 그냥 방치해 둬야 하는지 찾아낼 방도는 없습니다.

한 가지 확신할 수 있는 것은 여성에게 본성을 마음껏 드러낼 수 있게 한다면 그 본성에 반대되는 일은 결코 하지 않을 것이라는 점입니다. 본성이 그 목적을 이루지 못할 것이 두려워 본성을 위해 개입하려는 인간의 걱정은 완전히 쓸데없는 것입니다. 여성이 선천적으로 할 수 없는 것을 하지 못하게 막는 것은 정말로 불필요한 일입니다. 여성이 할 수는 있지만 경쟁자인 남성만큼 잘하지 못한다면 경쟁에서 여성을 배제하는 것은 납득이 됩니다. 아무도 여성을 위한 보호막과 장려금을 요구하지 않는다면, 남성을 위한 보호막과 장려금을 철회하도록 요구하면 그만입니다. 만약 여성이 선천적으로 어떤 특정한 것을 선호하는 경향이 있다면 여성 대다수에게 다른 것보다 우선적으로 그 특정한 것을 하도록 사회적으로 주입시키거나 법으로 규정할 필요가 없습니다. 무슨 일이든 여성의 노동력이 가장 필요한 일이라면 자유로운 경쟁 구도는 여성이 그 일을 맡을 수 있는 가장 강력한 동기가 될 것입니다. 그리고 말 그대로 여성을 가장 필요로 하는 일은 여성에게 가장 잘 맞는 일입니다. 그런 일에 여성을 배치함으로써 남성과 여성의 역량을 합쳐서 전반적으로 가장 유익한 결과를 가져올 수 있습니다.

남성들의 일반적인 생각에 따르면 여성에게 자연스럽게 어울리는 일은 아내와 엄마 역할인 것으로 보입니다. '보입니다'라고 말한 이유는 동향, 즉 현재 사회구조 전체를 보고 판단했을 때 남성들의 생각이 정반대라고 추측할 수 있기 때문입니다. 남성은 여성에게 자연스럽게 어울리는 일이라고 하는 것이 하필이면 여성의 본성에 가장 맞지 않는 일이라고 생각할 수도 있습니다. 만일 여성이 다른 것을 자유롭게 할 수 있다면, 즉 자신의 시간과 능력을 이용해서 밥벌이를 하거나 직업을 가질 수 있고 그렇게 하는 것이 여성에게 바람직하게 보일 가망이 있다면, 여성들에게 자연스럽게 어울린다고 하는 일을 기꺼이 받아들일 여성이 그렇게 많지 않다고 생각할 수 있습니다. 이것이 일반적으로 남성의 진짜 생각이라면 공개적으로 밝히는 것이 좋을 겁니다. 누구든 솔직하게 자신의 생각을 밝히는 것을 듣고 싶습니다(이미 이 주제에 관한 많은 글들에 그런 내용이 담겨 있기도 합니다). 다음과 같은 주장을 말이지요.

― 여성이 결혼해서 아이를 낳는 일은 사회에 필요한 일이다. 강요하지 않으면 여성은 그렇게 하지 않을 것이다. 그러므로 강제적으로 시켜야 한다.

그렇다면 이 주장의 진가는 아주 분명합니다. 미국 사우스캐롤라이나와 루이지애나의 노예 주인들의 생각이 바로 그러니까요.

— 목화와 사탕수수는 반드시 길러야 한다. 백인 남성은 목화와 사탕수수 재배를 할 수 없다. 검둥이들은 우리가 주려고 하는 품삯에는 일을 하지 않을 것이다. 그러므로 강제적으로 일을 시켜야 한다.

징병제를 예로 드는 것이 이 주장의 핵심을 설명하는 데 더 어울리겠네요. 나라를 지키려면 해군 병사가 반드시 있어야 합니다. 하지만 자발적으로 입대하지 않으려는 일이 종종 벌어집니다. 그러므로 강제로 입대시킬 권한이 필시 있어야 합니다. 이 논리가 얼마나 자주 사용되었던가요? 한 가지 결점이 없었다면 분명 오늘날까지도 성공적으로 이어졌을 겁니다. 반론의 여지가 있는 논리이지요. 무엇보다 해군 병사에게 그 수고에 대한 정당한 대가를 지불해야 합니다. 다른 회사에서 근무하는 경우만큼 해군에 복무하는 동안 그 대가를 제대로 지불한다면 병역 인원을 확보하는 데 다른 이들보다 더 어려움을 겪지 않을 것입니다. 이 문제에 대해 '나는 자원입대하지 않겠다'는 것을 제외하면 다른 논리적인 답변은 없습니다. 오늘날 사람들은 누군가 고용되어 받는 노동의 대가를 훔치는 일을 부끄러워할 뿐만 아니라 그렇게 하고 싶어 하지 않기 때문에 징병제는 더 이상 옹호 받지 못하고 있습니다. 여성에게 다른 모든 기회를 차단해서 강제로 결혼을 시키려는 사람들은 징병제를 주장하는 이들과 비슷한 반박에 직면하게 되는 셈입니다. 남성들의 말이 진심이라면 그들은 여성을 설득해서 결혼의 장점을 받아들일 수 있을 만큼 여성에게 아주 만족스러운 결혼 생활을 제시하지 못한다고 생각하는 것이 분명합니다. '이것 아니면 전혀'라는 홉슨[15] 식의 선택만 허용한다는 것은 자신이 제공하는 혜택을 대단히 매력적이라고 생각한다는 신호가 아닙니다. 나는 이것이야말로 여성이 남성과 동등한 자유를 누린다는 것에 대해 엄청난 반감을 가진 남성의 감정을 보여주는 단서라고 생각합니다. 남성 입장에서 여성이 결혼하고 싶어 하지 않으리라 걱정하는 것은 아니라고 봅니다. 사실 그런 걱정을 하는

---

[15] Thomas Hobson 1544~1631. 잉글랜드 캠브리지에서 말을 빌려주는 사업을 하는 사람. 그는 말을 빌리려는 고객에게 문에서 가장 가까운 마구간에 있는 말을 가져가거나 아니면 아무것도 가져가지 않는 선택을 제시했다. 복수의 선택을 할 수 있는 형식을 지녔지만 사실상 딱 하나만 선택할 수밖에 없는 선택을 일컬어, '홉슨의 선택Hobson's choice'이라고 한다.

사람은 없으니까요. 하지만 결혼 생활은 동등한 조건에서 해야 한다는 주장을 두려워하고, 결혼하는 것이 일종의 주인, 즉 여성이 지닌 세속적인 모든 소유물의 주인인 한 사람에게 자신을 맡기는 것일 때, 기개가 있고 능력이 뛰어난 여성이 결혼을 하기보다는 눈을 낮추지 않고 다른 일을 하려는 것을 두려워합니다. 진정 결혼에 이런 결과가 필연적으로 따르는 것이라면 그런 걱정을 할 충분한 이유가 있다고 봅니다. 통상 존경받는 자리를 차지할 가능성이 열려 있는 경우, 거부할 수 없는 끌림에 의해 당분간 다른 것에는 감각이 마비되는 경우가 아니라면, 다른 일을 할 수 있지만 결혼과 같은 운명을 선택하는 여성은 거의 없을 거라는 생각에 동의합니다. 그리고 만약 남성이 결혼의 법칙은 곧 독재 정치의 법칙이라는 단호한 입장이라면, 단순히 방법적인 측면에서 볼 때 여성을 홉슨식의 선택을 해야 하는 처지에 내버려두는 셈입니다. 하지만 만약 그렇다면 현대 사회에서 여성의 정신을 구속하는 사슬을 풀기 위해 했던 모든 일은 과오일 것입니다. 여성에게 결코 문학 교육을 받지 못하게 했어야 합니다. 글을 읽을 수 있는 여성이나 하물며 글을 쓸 수 있는 여성은 지금의 사회 구조에서는 모순되는 존재이고 분란을 일으키는 존재입니다. 여성을 노예나 집안의 하인 수준이 아닌 충분히 재능이 있는 존재로 키우는 것은 잘못된 일이었습니다.

제2장

여성의

　　　결
　　　혼

이 문제를 상세히 논의하기 위해 우리가 관찰하는 과정에서 이르게 된 특정 지점부터 살펴보는 것이 좋겠습니다. 다름이 아니라 영국을 비롯한 모든 나라의 법에서 결혼이라는 계약에 대해 붙이는 조건을 살펴보려고 합니다.

여성에게 결혼은 사회에 의해 정해진 운명이어서 여성은 결혼 가능성에 맞춰 양육되고, 너무 매력이 없는 나머지 어느 남성이고 자신의 상대로 선택하지 않을 경우를 제외하고 결혼은 모든 여성들이 추구해야 할 목표라는 것입니다. 그래서 여성은 다른 누군가의 선택을 받지 못한 것을 후회하지 않도록 가능한 이 결혼 조건에 어울릴 수 있도록 모든 것을 구비해야 한다고 생각하는 사람이 있을 정도입니다. 하지만 사회는 애초 다른 모든 경우와 마찬가지로 이 문제에 대해 공정한 수단보다는 부정한 수단을 통해 달성하는 쪽을 선택해 왔고, 오늘날까지도 사실상 그 주장을 고수하고 있는 유일한 경우입니다. 원래 여성은 힘으로 빼앗거나 보통은 아버지에 의해 남편에게 팔려가는 처지였습니다. 유럽 역사에서 얼마 전까지도 아버지에게는 딸의 의사와는 상관없이 자기 마음대로 딸의 결혼 문제를 결정할 권한이 있었습니다. 사실 교회는 더 높은 수준의 도덕성을 중시한 나머지 결혼식에서 신부에게 '예'라는 형식적인 답변을 요구할 수 있었지만, 신부의 동의가 강요에 의한 것이 아님을 보여줄 방법은 없었습니다. 수녀가 되겠다는 단호한 각오로 종교의 보호를 얻으려는 경우가 아니라면 아버지가 고집하는 상황에서 딸이 결혼을 거부하는 일은 사실상 불가능했습니다. 옛날에는(기독교 등장 이전을 말합니다) 결혼 이후 아내의 생사를 결정하는 권한이 남편에게 있었습니다. 아내는 남편에게 맞서기 위해 법에 호소할 수 없었고, 남편이 아내의 유일한 재판소이자 법이었습니다. 오랜 세월 남편은 자기 의지대로 이혼할 수 있었지만, 아내에게는 그런 권한이 없었습니다. 영국의 고대법에서는 남편을 아내의 주인이라고 불렀습니다. 남편은 말 그대로 아내의 주권자로 간주되어서 아내가 남편을 살해하는 것은 반역죄로 불렸고(대역죄와는 구분되는 경미한 반역죄이기는 했지만요) 화형에 처해질 정도로 일반적으로 대역죄를 지은 죄인보다 훨씬 더 잔인한 보복을 받았습니다. 이런 여러 극악한 일들이 더 이상 벌어지지 않으면서(대부분이 공식적으로 폐지된 것은 결코 아니거나 그저 오랫동안 실행되지 않았을 뿐입니다) 사람들은 결혼 계약과 관련하여 모든 것이 이제는 제자리를 찾았다고 생각합니다. 아울러 우리는 문명화와 기독교 덕분에 여성들이 정당한 권리를 회복했다는 말을 끊임없이 듣고 있습니다. 하지만 아내는 사실상 남편의 계약 노예입니다. 법적인 구속력 면에서는 소위 노예라고 불릴 처지는 아니지만 사실상 노예와 다를 바 없습니다. 결혼식 단상에서 남편에게 평생 순종할 것을 서약하고 법에 의해 평생 그것을 지켜야 합니다. 어떤 이들은 아내가 순종하겠다는 의무를 가진다고 해도 범죄에 동참하는 데까지는 이르지 않는다고 궤변을 늘어놓을지 모르지만, 다른 모든 것을 하겠다는 의미로 확대되는 것은 분명합니다. 아내는 남편의 허락 없이는 어떤 행동도 할 수 없고, 적어도 암묵적인 허락이라도 받아야 합니다. 남편의 소유가 아니면 아무런 재산도 소유할 수 없고, 자신의 재산이 생기면 심지어 상속받은 것이라고 해도 앞서 언급한 사실 때문에 곧장 남편의 소유가 되고 맙니다. 이 점에서 영국의 관습법에 따르면 아내의 지위는 여러 나라의 법률에서 정한 노예의 지위보다 못합니다. 예를 들어 로마법에 따르면 노예는 사유 재산을 소유할 수 있었습니다. 일정 한도 내에서 노예 자신만 사용할 수 있도록 법이 보장해 준 것입니다. 영국의 상류 계급은 법과는 무관한 특수한 계약을 통해 용돈 등의 형태로 집안 여성들에게 그 비슷한 혜택을 주었습니다. 같은 남성으로서 계급의식보다는 아버지로서 부모의 감정이 더 강했기 때문에 아버지들은 낯선 사위보다는 자신의 딸을 더 생각하는 것이지요. 부유한 이들은 보통 어떻게든 상속 과정에서 아내가 물려받은 재산의 전부 혹은 일부를 남편이 전적으로 관리하지 못하게 할 수 있습니다. 하지만 아내가 전적으로 재산을 관리할 수 있을 정도는 아니고 기껏해야 남편이 아내의 재산을 흥청망청 쓰지 못하게 하는 동시에 정당한 소유자인 아내 역시 자신의 재산을 사용하지 못하게 할 수 있을 뿐입니다. 재산 그 자체는 남편과 아내 모두 손을 댈 수 없고,

아내의 재산에서 발생하는 수입의 경우에는 아내에게 가장 유리한 형태의 해결('아내의 별도 사용'이라는 규정입니다)이라고 해봤자 고작 아내 대신 남편이 받지 못하게 하는 것뿐입니다. 그런 수입은 반드시 아내의 손을 거쳐야 하지만, 만약 아내가 그 수입을 받자마자 남편이 폭력을 써서 빼앗는다고 해도 남편은 처벌을 받거나 반환해야 하는 일은 없습니다. 이것은 영국의 법체계에서 가장 막강한 귀족이 결혼한 딸에게 해줄 수 있는 수준의 보호입니다. 절대 다수의 사람들에게는 아무런 해결책이 없습니다. 아내는 행동의 자유뿐만 아니라 모든 권리와 재산을 완전히 남편에게 빼앗깁니다. 남편과 아내는 '법적으로 한 사람'이라고 불리지만, 아내의 것은 모두 남편의 것이라는 의미에서 그런 것이지 반대로 남편의 것이 전부 아내의 것이라는 의미는 결코 아닙니다. '법적으로 한 사람'이라는 원칙은 가축이나 노예의 행동에 대해 주인이 책임지는 것처럼 아내의 행동에 대해 제3자로서 남편에게 책임을 지우는 경우를 제외하고 남성에게 불리하게 적용되지 않습니다.

일반적으로 아내가 노예보다 더 못한 대우를 받고 있다고 말하려는 것이 결코 아닙니다. 하지만 어떤 노예도 아내만큼 오랜 기간을 노예라는 단어 뜻 그대로의 처지에 놓이지는 않습니다. 아주 가까이에서 주인의 시중을 드는 경우를 제외하고 어떤 노예도 시도 때도 없이 뼈빠지게 일하지 않습니다. 보통 노예는 군인과 마찬가지로 정해진 일이 있어서 일을 끝내거나 비번인 경우 어느 한도 내에서는 자기 시간을 가질 수 있고, 자기 가족 일에 대해서는 주인도 좀처럼 끼어들지 않습니다. '엉클 톰[16]'이 첫 번째 주인 밑에 있을 때 그는 자기 '오두막 집'에서 나름의 삶을 영위했고, 집 바깥에서 일해야 하는 여느 사람들과 엇비슷하게 가족 문제에 신경을 쓸 수 있었습니다. 그러나 아내의 경우에는 그렇지 않습니다. 무엇보다도 여성 노예(기독교 국가의 여성 노예 말이지요)는 주인의 성적 요구를 거부할 권리가 있다고 인정되거나 거부할 도덕적 책임이 있다고 여깁니다. 하지만 아내는 그렇지 않습니다. 불행히도 아내가 아무리 잔인한 폭군 같은 남편에게 매여 있다고 해도 남편은 아내에게 가장 저급한 인간적인 수모, 즉 아내의 의향과는 정반대

---

[16] 미국 소설가 해리엇 스토우-Harriet Beecher Stowe의 〈톰 아저씨의 오두막〉에 나오는 흑인 주인공.

로 동물적 기능을 수행하는 도구가 될 것을 요구하고 강요할 수 있습니다. 아내 입장에서 남편이 자신을 몹시 싫어한다는 것을 알고, 자신을 괴롭히는 것이 남편에게는 일상의 즐거움이고, 남편을 혐오하지 않을 수 없다고 느낀다고 해도 말이지요. 아내가 인격체로서 이런 최악의 노예 상태에 처해 있다면 그녀와 그녀 주인의 공통의 관심사인 아이들과 관련해서 아내의 지위는 어떨까요? 아이들은 법적으로 남편의 아이들입니다. 자녀에 대한 법적 권리는 남편에게만 있습니다. 남편이 위임한 경우가 아니라면 아내는 자녀에 대해 직접적으로나 간접적으로나 아무것도 할 수 없습니다. 심지어는 남편이 유언으로 남기지 않으면 남편이 죽은 뒤에도 아내는 자녀의 법적 보호자가 아닙니다. 서전트 탤퍼드 법안[17]에 의해 어느 정도 제한이 되기 전까지 남편은 아이들을 아내와 떼어놓고 아내가 아이들을 만나거나 연락할 수 있는 방법을 박탈할 수도 있었습니다. 이것이 아내의 법적인 처지입니다. 더구나 아내에게는 이런 처지에서 벗어날 방도가 없습니다. 만약 아내가 남편과 헤어진다면 아이들

---

[17] Serjeant Talfourd's Act, 여성에게도 자기 자식을 데리고 살 수 있는 권리를 부여한 법.

을 데려갈 수도 없고, 정당한 자신의 소유물 어느 것도 가져갈 수 없습니다. 마음먹기에 따라 남편은 법에 의하거나 물리적 강제력을 이용해서 아내를 강제로 돌아오게 할 수 있습니다. 아니면 아내가 벌어들이거나 친척으로부터 받게 될 재산을 몰수해서 사용하는 일을 마음대로 벌일 수 있습니다. 법원에 의해 법적으로 이혼 판결을 받아야만 아내는 격노한 남편에 의해 억지로 집에 끌려가지 않고 떨어져 살거나 혹은 20년 동안 보지 않고 지냈던 남편이 어느 날 별안간 나타나 모든 것을 빼앗아 갈 수 있다는 두려움 없이 자신이 벌어 모은 돈을 쓸 수 있는 권한을 얻습니다. 최근까지도 법원에서 이런 법적 이혼 판결을 받으려면 상당한 비용이 들어가는 탓에 일부 상류 계급 사람들에게도 쉽지 않을 일이었습니다.[18] 지금도 남편에게 버림을 받거나 극도로 잔인한 처사에 시달린 아내의 경우에만 이혼 판결이 주어지지만, 너무 쉽게 이혼을 허용한다는 불만이 늘 터져 나옵니다. 물론 여성이 폭군 같은 남편의 몸종 처지 말고는 삶에서 다른 어떤 운명도 거부되고 그저 지루할 뿐인 일 대신 자신이 좋아하는 일을 하도록 허락할 남성을 찾는 것에 모든 기대를 걸고 있는 상황에서 여성에게 오직 한 번만 혼인할

---

[18] 1700년 전까지 영국에서는 이혼이 가능하지 않았다. 1700~1857년 이혼이 가능한 유일한 방법은 의회의 입법을 통해서였으며, '간통'만이 유일한 이혼사유였다. 여성은 '간통' 외에 결혼 생활 내내 이어지는 배우자의 폭력이 더해져야 했다. 의회에 이혼을 신청하는 비용이 매우 비쌌기 때문에 부유한 계층만이 이런 방법을 통해 결혼을 끝낼 수 있었고, 총 314건 대부분은 남편의 청원에 의해 이루어졌다. 1857년 영국에서 최초의 이혼법이 제정됐으나, 여성은 그 이전과 마찬가지로 배우자의 '간통'과 '폭력'을 동시에 입증해야 했으며, 런던고등법원에서 공개 재판을 받아야 했다. 부부가 상대방의 귀책사유를 묻지 않고 이혼할 수 있게 된 것은 이 책의 발행된 지 백 년이 지난 후 1969년 이혼법 개정 이후이다.

수 있는 기회를 허용한다는 것은 여성의 운명에 한층 더 잔인한 일입니다. 이런 상황에서 자연스럽게 이어지는 귀결은 여성의 인생 전체가 좋은 주인을 얻는 것에 달려 있으므로 그런 사람을 찾을 때까지 남편을 몇 번이고 바꿀 수 있어야 한다는 것입니다. 여성에게 그런 특권이 허용되어야 한다는 말이 아닙니다. 그것은 완전히 다른 고려 사항입니다. 재혼의 자유를 인정하는 의미에서 이혼 문제를 다루겠다는 의도가 아닙니다. 내가 여기서 말하려는 것은 노예 상태로 사는 것만 허용된 사람들에게 자신의 주인을 선택할 자유를 주는 것이 비록 대단히 부족하기는 해도 그 고통을 줄이는 유일한 방법이라는 겁니다. 이 방법을 거부하는 것은 아내를 완전히 노예와 동일하게 여기는 겁니다. 더구나 가장 관대한 노예 제도 아래에 있는 노예도 아닙니다. 왜냐하면 어떤 노예 규약에서는 주인이 학대하는 특수한 상황이라면 노예는 자신을 팔 것을 주인에게 법적으로 요구할 수 있기 때문입니다. 하지만 영국에서는 남편이 외도를 하고 아무리 학대를 해도 아내는 자신을 괴롭히는 남편으로부터 벗어날 수 없습니다.

이 문제에 대해 과장하고 싶은 마음도 없고 과장할 필요도 없습니다. 나는 아내들의 법적 지위를 설명했고, 실제 아내들이 어떤 대우를 받는지는 말하지 않았습니다. 대다수 나라에서 법은 그 법을 집행하는 사람들보다 훨씬 힘이 약하고, 그 중 많은 법은 좀처럼 혹은 절대 집행되지 않은 탓에 법으로 남아있는 형편입니다. 만약 결혼생활이라는 것이 달리 어쩔 수 없고 오직 법에만 의존해야 한다면 사회는 생지옥일 것입니다. 다행히도 많은 남성에게는 포악함으로 이어지는 충동과 성향을 차단하거나 매우 완화시키는 감정과 이해관계가 있습니다. 이런 감정 중에서 남성과 그의 아내를 이어주는 끈은 정상적인 상황에서라면 비교할 수 없을 정도로 가장 강력합니다. 그런 끈에 조금이라도 필적할 만한 것이 있다면 바로 남성과 그 자식의 관계이며, 이 관계는 아주 예외적인 경우가 아니라면 남편과 아내의 관계처럼 상충되지 않고 강화되는 경향이 있습니다. 이것이 사실이기 때문에, 즉 일반적으로는 남성이 괴롭히지 않고 여성은 고통을 받지 않기 때문에, 남성이 자신에게 합법적으로 주어진 무자비한 힘을 전부 다 휘두르는 경우에만 남성이 괴롭히고 여성은 고통을 받는 온갖 비참한 일이 벌어진다고 합니다. 지금의 남녀 관계를 옹호하는 사람들은 남녀 관계의 모든 불평등은 정당하고 일부의 불평은 모든 고귀한 가치를 위해 치러야 하는 대가, 즉 필요악에 대한 불만일 뿐이라고 생각합니다. 하지만 실제로 필요악을 무마하려는 것, 다시 말해 횡포에 대해 어떠한 사과도 하지 않고 이런저런 유형의 압제를 완전히 합법적인 힘으로 유지하는 것은 가장 사악한 제도에 대항하여 인간 본성이 어떤 힘을 가질 수 있고, 인간의 성격에서 악의 씨앗뿐 아니라 선의 씨앗이 얼마나 힘차게 스스로 퍼지고 번식할 수 있는지 입증하는 데만 도움이 될 뿐입니다.[19] 정치적 횡포는 가족 내 횡포와는 다릅니다. 무소불위의 힘을 가진 왕이라고 해서 창가에 앉아 고통에 신음하는 백성을 보고 즐거워하거나 누더기 같은 남은 옷까지 벗겨내고 길에서 벌벌 떨도록 내몰지는 않았습니다.

---

[19] 사악한 제도가 사회를 지배하고 있음에도 인간이 그 악함을 따르지 않고 선하게 행동하고 있는 사례가 있다는 것. 즉, 남편이 포악하게 행동하기보다는 그 반대로 행동하는 사례가 많다고 해도 그것은 사악한 제도의 정당성을 뒷받침하는 게 아니라 '그런 남편들'의 선한 행동을 보여줄 뿐이라는 의미이다.

루이 16세[20]의 횡포는 필리프 4세[21]나 나디르 샤[22] 또는 칼리굴라[23]의 횡포와는 달랐습니다. 하지만 프랑스 혁명을 정당화하고 혁명의 참사조차 참작할 수 있을 만큼 그 폐해가 심각했습니다.

만약 여성과 그녀의 남편 사이에 존재하는 친밀한 유대감에 호소하려 한다면 가사 노동을 하는 노예에 대해서도 마찬가지의 말을 할 수 있을 겁니다. 그리스와 로마에서는 노예들이 고문으로 주인을 배신하기보다는 죽음을 감수하는 것이 아주 흔한 일이었습니다. 로마시대

---

[20] Louis XVI 1754~1793. 프랑스 대혁명 직후 단두대로 처형된 프랑스 부르봉 왕가의 왕.

[21] Phillip IV 1268~1314. 미남왕(Philippe le Bel)으로 불린 프랑스의 왕. 중앙집권과 왕권 강화에 노력했다. 교황의 아비뇽 유수를 일으킨 장본인.

[22] Nadir Sha 1688~1747. 정복자라고 불린 이란 아프샤르 왕조의 왕. 무자비한 공포 정치로 암살당했다.

[23] Caligula 12~41. 로마제국의 3대 황제. 광기의 폭군으로 알려졌다.

내전의 기록에는 아내들과 노예들은 영웅에 버금갈 만한 충성심을 보였지만 아들들은 배반하는 일이 아주 흔했다고 남아 있습니다. 그렇지만 우리는 많은 로마인이 노예들을 얼마나 가혹하게 다뤘는지 알고 있습니다. 하지만 사실 이런 격렬한 개인적 감정은 다름 아닌 가장 잔혹한 제도 아래에서 제일 강렬하게 드러납니다. 인간 본성은 진심 어린 감사에 쉽게 흔들리는데, 나의 생존을 완전히 무너뜨릴 수 있는 힘이 있지만 그 힘의 사용을 자발적으로 자제하는 인물을 향해 그런 감사의 감정이 나타난다는 것은 인생의 아이러니입니다. 대다수 사람에게 이런 감정이 얼마나 중요한 위치를 차지하는지, 심지어 종교적 헌신과 관련하여 묻는 것은 잔인한 일입니다. 우리는 자신과 마찬가지로 신이 자비를 베풀지 않은 자기와 같은 인간들을 주시함으로써 매일 신에 대한 감사의 마음을 자극받는 신자들의 모습을 봅니다.

노예 제도나 전제주의 정치체제 또는 절대주의적 가장家長 제도 등 어떤 제도를 옹호하든 누구나 항상 그 제도의 가장 좋은 사례에 비추어 판단하기 마련입니다. 한쪽은 자애롭게 권력을 행사하고 다른 한쪽은 그 권력에 순종적으로 복종하는 모습, 즉 뛰어난 지혜를 가진 권력자가 국민들에게 가장 이익이 되는 쪽으로 모든 명령을 내리고 국민들은 만면에 웃음을 띠며 권력자를 칭송하는 모습을 그리는 식이지요. 만약 누군가 선한 사람 같은 것은 없다고 주장한다면 이 모든 시도가 충분히 그 목적을 달성할 수 있을 겁니다. 선한 권력자가 완전무결하게 지배하는 체제에서 미덕과 행복, 호의가 넘쳐날 것이라는 점에 과연 누가 의심을 품을까요? 그러나 법과 제도는 선한 사람이 아니라 악한 사람에 초점을 맞춰 바꾸어야 합니다. 결혼은 선택받은 소수만을 위한 제도가 아닙니다. 남성은 결혼식 전에 예비 단계로 자신이 절대적인 권력을 행사하기에 믿을 만한 적임자임을 문서로 입증할 의무가 없습니다. 다방면으로 사회적 감정이 강한 사람들이나 다른 사회적 관계에 크게 신경을 쓰지 않는 많은 사람이 아내와 자식에 대한 애정과 의무감의 구속력이 강합니다. 하지만 이 구속력에 민감하게 혹은 둔감하게 반응하는지는 제각각입니다. 인간의 선량함과 사악함에도 여러 등급이 있어서 아무런 인간관계도 맺을 수 없거나 사회가 최후의 수단으로 법의 처벌을 받게 하는 것 말고는 아무런 조치를 취할 수 없는 사람이 있는 것처럼 말이지요. 마찬가지로 남성들도 여러 등급으로 나뉘지만, 그럼에도 남편에게 주어지는 모든 법적 권한을 위임 받습니다. 가장 사악한 인간은 자신에게 매여 있는 가엾은 여성에 대해 살인 이외의 어떤 흉악한 일도 저지를 수 있고, 어지간히 조심하면 법적인 처벌을 받을 큰 위험 없이 지낼 수 있습니다. 게다가 모든 나라의 최하층 계급 중에 다른 영역에서는 공격적인 태도를 보였다가는 그에 상응하는 대가를 얻기 때문에 다른 관계에서는 법적으로 악행을 저지르지 않지만, 성년임에도 혼자서는 남편의 만행에서 벗어나거나 도망치지 못하는 불쌍한 아내에게는 습관적으로 과도한 신체적 폭력을 행사하는 인간들이 얼마나 많은지 모릅니다. 남편에 대한 아내의 지나친 의존은 남편의 비열하고 잔인한 성질을 자극하고, 그 운명이 전적으로 자신의 인정에 달려 있는 사람에게 예의 바르게 행동해서 체면을 차리거나 넓은 아량을 베풀기보다는 법에 따르면 아내는 자신의 쾌락을 위해 사용되는 소유물이고 다른 이들을 대할 때 요구되는 배려를 아내에게 베풀 것을 요구 받지 않았다는 생각을 갖게 합니다. 얼마 전까지만 해도 남편이 아내를 억압하는 이런 가혹한 만행에 대해 법적으로 아무런 처벌을 하지 않았다가 최근 몇 년 사이에 그런 만행을 제재하려는 일부 어정쩡한 시도가 있었습니다. 그러나 그런 시도는 거의 도움이 되지 않았고 큰 보탬이 될 거라고 기대할 수 없는 상황입니다. 왜냐하면 피해자를 여전히 가해자의 지배 아래 남겨둔 채로 가해자의 잔혹한 행위를 실질적으로 견제할 수 있다고 생각하는 것은 이성과 경험에 반하기 때문입니다. 남편이 폭력을 휘두르면 유죄 판결을 받는다거나, 첫 번째 유죄 판결을 받은 뒤 폭력이 되풀이 되는 경우에 여성은 이혼할 수 있는 권리를 얻는다거나, 적어도 법적으로 별거할 수 있는 권리를 얻지 않는다면 이런 '가중폭행'을 법적 처벌로 제재하려는 시도는 검사나 증인이 없어서 수포로 돌아갈 것입니다.

어느 선진국이나 짐승과 다를 바 없는 남자들이 어마어마하게 많지만 이런 상황에서는 혼인법 때문에 그들이 희생자를 손에 넣는 것을 절대 막을 수 없음을 생각했을 때, 결혼 제도를 악용해서 남편이 아내를 폭행하는 이런 사건으로 유발된 인류의 고통은 섬뜩하리만치 크고 깊습니다. 그러나 이것은 단지 극단적인 경우일 뿐이고, 최악의 상황에 이르기 전까지 각 단계에서 어이없는 일들이 연이어 벌어지고 있습니다. 정치적 폭정을 휘두르는 자들과 마찬가지로, 가정에서 횡포를 부리는 괴물 같은 남편들은 독재자가 좋아한다면 어떤 무서운 일도 벌어질 수 있음을 보여줍니다. 또한 조금 덜 잔인할 뿐인 이런 일들이 얼마나 끔찍하게 자주 일어나는지, 이런 사실을 분명하게 강조함으로써 우리는 결혼 제도의 면면을 제대로 알 수 있습니다. 절대적인 악마는 천사만큼이나 드물거나, 어쩌면 더 드물 겁니다. 하지만 때로 인간적인 모습을 보이는 흉포한 야만인은 아주 흔합니다. 이런 야만인들과 인간의 훌륭한 면모를 보여주는 사람들 사이에는 동물적이고 이기적인 온갖 종류와 수준의 수많은 사람이 있습니다. 이들은 겉으로는 문명이나 심지어 교양의 탈을 쓴 채 법을 제대로 지키며 자신의 영향력 아래 있지 않은 모든 사람에게는 믿음직한 모습을 유지하지만, 자신의 영향력 아래 있는 사람의 삶은 당사자에게 고통과 짐처럼 느껴지게 만들기에 부족함이 없습니다! 남성 일반은 권력에 적합하지 않으며, 이 말을 반복하는 것 자체가 식상합니다. 이는 오랜 시간 정치적 논의를 거치면서 모든 사람이 외울 정도가 되었고, 이러한 격언을 적용함에 있어 권력을 우리 주변의 평범한 남성에게만 부여하는 것이 아니라 저 아래 가장 비루하고 흉악한 인간까지 모든 성인 남성에게 부여하는 것으로 생각하는 사람은 거의 없을 겁니다. 그러나 십계명 중 어느 것도 어기지 않았고 성교를 강요할 수 없는 사람을 대할 때는 고상한 품성을 유지하며 어쩔 수 없이 자신의 행동을 참아야 하는 사람이 아니라면 버럭 성질을 폭발시키지 않는 남성이라고 해서 가정에서 제약이 없는 상태에서도 그런 식으로 행동할 거라고 짐작할 수는 없습니다. 아주 평범한 남성들도 맞설 힘이 없는 상대에게는 자신의 폭력적인 면이나 고약한 면, 있는 그대로의 이기적인 면을 숨김없이 드러냅니다. 우위에 있는 사람과 그 아래 종속된 사람과의 관계는 이런 성격적 결함의 온상입니다. 성격적 결함은 다른 어느 곳에서도 나타날 수 있지만, 그것은 이런 종속 관계에서 비롯된 것입니다. 동료에게 까다롭게 굴거나 폭력적인 사람은 분명 자신보다 못한 사람들, 즉 위협하거나 괴롭혀서 복종시킬 수 있는 사람들 사이에서 살아왔을 겁니다. 흔히들 가장 바람직한 형태의 가정은 동정심과 다정함, 기꺼이 자신을 내려놓는 마음을 배우는 학교와 같다고 말합니다. 하지만 가족의 수장에게 가정이란 고집과 횡포, 끝도 없는 방종이 난무하며, 비길 데 없는 이기심이 뿌리 깊게 자리 잡은 사람의 터전에 더 가깝습니다. 가장의 희생이라는 것도 특정 형태에 불과합니다. 아내와 자식들에 대한 걱정은 가장 자신의 이익과 소유물에 대한 걱정에 불과할 뿐이고, 아내와 자식들의 행복은 자신의 비할 데 없이 하찮은 기호에 맞춰 갖은 형태로 희생됩니다. 지금과 같은 남녀 제도 아래에서 더 이상 무엇을 기대할 수 있을까요?

우리는 인간 본성의 나쁜 성향은 제멋대로 발휘될 여지를 주지 말아야만 통제할 수 있다는 것을 알고 있습니다. 또한 우리는 거의 모든 사람은 의도적인 목적이 있어서가 아니라 충동적이고 습관적으로 상대가 어쩔 수 없이 저항하게 되는 지점까지 상대를 몰아붙인다는 것을 알고 있습니다. 인간 본성의 일반적인 성향이 그런 것입니다. 현재의 사회 제도는 남성이 적어도 한 인간, 즉 같이 사는 사람이나 항상 같이 있는 사람에 대해 무제한에 가까운 권력을 휘두르도록 하고, 이 권력은 그 남성의 본성 가장 깊숙한 곳에 잠재해 있는 이기심의 씨앗을 찾아내어 싹트게 합니다. 꺼질 듯한 불씨나 연기만 내는 타다 남은 불을 살려내는 셈입니다. 남성은 자신의 본래 성격에서 이런 성향을 마음대로 드러낼 수 있는 일종의 면허를 받는 것이지요. 다른 사람과의 관계에서라면 그 성향을 억제하거나 숨기는 것이 필요하다고 생각했을 테고, 그렇게 억누르는 것이 어쩌면 제2의 본성이 되었을지도 모를 일입니다. 이 문제에 대해 다른 측면에서 살펴볼 점도 있다고 생각합니다. 아내가 효과적으로 저항하지 못한다고 해도 적어도 보복은 할 수 있음을 인정합니다. 즉 여성 역시 남성의 삶을 지극히 고통스럽게 할 수 있고, 그 힘으로 자신이 당연히 해야 하는 것과 해서는 안 되는 것을 실행할 수 있습니다. 하지만 잔소리 혹은 바가지라고 부를 수도 있는 이런 방식의 자기 보호에는 치명적인 약점이 있습니다. 우위에 있는 상대가 가장 폭력적이지 않을 때 제일 효과적이고, 종속된 사람의 존재 가치가 가장 없을 때 제일 도움이 됩니다. 이것은 화를 잘 내고 고집이 센 여성들이 사용하는 무기입니다. 그중에는 자신에게 그런 무기가 있다면 가장 나쁘게 사용하는 부류가 있을 것이고, 일반적으로 나쁜 방향으로 사용합니다. 온순한 사람들은 그런 방식을 쓸 수 없으며, 고상한 사람들은 그런 방식을 경멸합니다. 다른 한편으로 더 다정하고 어진 남편일수록 이 방식이 가장 효과적으로 통합니다. 아무리 화를 돋우어도 권력을 무자비하게 휘두르지 않는 이들이 가장 큰 피해를 봅니다. 고분고분하지 않은 태도를 보임으로써 아내가 가질 수 있는 힘이라는 것은 일반적으로 또 다른 폭군을 만들어 낼 뿐이고, 주로 폭군과는 거리가 먼 성향의 남편들을 희생양으로 삼게 되는 것이지요.

그렇다면 아내의 그런 힘이 가진 부정적 효과를 완화시키고 우리가 실제 보는 것처럼 긍정적 효과에 부합하게 만들어 내는 것은 무엇일까요? 여성 특유의 수단이라는 것은 단지 개별적인 경우에 큰 영향을 미칠 뿐이고, 상황의 전반적인 추세를 바꾸는 데는 거의 영향을 미치지 못합니다. 왜냐하면 그 수단의 힘은 여성이 젊고 매력적일 때만 지속되고, 때로는 여성의 매력이 신선하고 새로울 동안만 발휘되기 때문입니다. 아울러 어느 때고 대다수 남성에게 커다란 영향을 미치는 것도 아닙니다. 그 부정적 효과를 상당히 완화시키는 네 가지 요인이 있습니다. 첫째, 개인적인 호감입니다. 남성이 천성적으로 호감에 민감한 반응을 보이고 여성이 성격적으로 남성과 아주 비슷해서 호감을 불러일으키는 경우, 시간이 지남에 따라 개인적인 호감이 더 가게 됩니다. 둘째, 두 사람이 아이들에 대해 갖는 공통의 이해관계와 제3자(이 경우에는 매우 많은 제한이 있습니다)에 대한 공통된 관심입니다. 셋째, 남성이 일상적인 즐거움과 편안함을 누리는 데 있어 아내가 차지하는 중요한 위치와 남성 자신의 사적인 이유로 아내에게 부여하는 가치입니다. 이는 타인을 동정할 수 있는 남성에게 여성도 스스로 자신을 돌볼 수 있다는 생각의 토대가 됩니다. 넷째, 거의 모든 사람에게 해당하는 것인데, 가까운 주변 사람들(실제 못마땅한 사람은 아니라고 해도)로부터 자연스럽게 받는 영향입니다. 주변 사람들은 직접적으로 간청하고 동시에 자신의 감정이나 성향을 은밀하게 전파함으로써 — 만약 다른 사람들이 방해해서 똑같이 강력한 개인적인 영향력을 행사하지 않는다면 — 우월한 지위에 있는 남성의 대단히 지나치고 불합리한 행위에 대해 어느 정도 통제력을 행사할 수 있습니다. 이런 다양한 수단을 통해 아내는 종종 남성에 대해 지나치리만큼 힘을 발휘합니다. 그래서 좋은 방향으로 영향을 미칠 자격이 없는 일, 즉 그 영향력이 적합하지 않을 뿐 아니라 도덕적으로도 잘못된 방향으로 발휘되어서 남성 자신의 결정에 맡겨 두었더라면 더 나은 방향으로 행동했을 법한 일에 대해서도 남성의 행동에 영향을 미치게 됩니다. 하지만 집안일이나 나랏일에 대해 권한을 가진다고 해서 자유를 잃어버린 것을 보상해 주지는 못합니다. 권한 덕분에 때로 여성은 권리가 없는 일을 할 수 있게 되지만, 그렇다고 자신의 권리를 주장할 수는 없습니다. 술탄이 총애하는 여자 노예는 자기 밑에 노예를 두고 학대를 할 수 있지만, 바람직한 일은 그 여자 노예도 노예를 두지 않고 스스로도 노예가 되지 않는 것입니다. 아내는 자신의 존재를 온전히 남편에게 맡김으로써, 즉 두 사람 모두에게 관계된 일에 대해 자신의 생각은 없이(또는 자신에게는 아무런 생각이 없다고 남편을 설득하면서) 오로지 남편의 뜻에 따르고 남편의 기분을 맞추는 것을 자기 삶의 본분으로 정함으로써, 지금껏 선뜻 판단을 내리지 못했거나 혹은 개인적인 편견이나 선입견에 푹 빠진 상태에서 남편의 대외적인 행동에 영향을 미치거나 아마도 남편의 행동을 방해하는 데서 만족감을 느낄지 모릅니다. 이와 같은 상황에서 자기 아내에게 매우 다정하게 행동하는 남편들은 아내의 영향으로 인해 집안일에서 벗어난 모든 이해관계에서 성공하는 것만큼 실패하는 일이 자주 있습니다. 여성은 집안일의 범위에서 벗어난 일에 대해서는 관심을 가질 필요가 없다고 배워서 그런 일에 대해 공정하고 양심적인 의견을 좀처럼 내놓지 못하고, 일반적으로 이해관계가 아닌, 어떤 합당한 다른 이유 때문에 간섭하는 일이 없습니다. 정치적인 관점에서 무엇이 옳은지 알지도 못하고 관심도 없어도, 어떻게 해야 돈이 들어오거나 대접을 받고, 남편이 직함을 얻고, 아들이 좋은 자리에 들어가고, 딸이 결혼을 잘하는지는 잘 알고 있습니다. 그렇지만 누군가는 이런 의문이 들 겁니다.

— 지배관계 없이 어떻게 사회가 존재할 수 있을까? 국가와 마찬가지로 가정에서 어느 한 사람이 반드시 최고의 지배자가 돼야 한다. 결혼한 사람들이 서로 의견이 다를 때 누가 결정을 내려야 할까? 두 사람 모두의 생각대로 할 수 없고, 어느 쪽으로든 결정을 내려야 한다.

두 사람이 자발적으로 결합한 모든 관계에서 둘 중 한 사람이 반드시 절대적인 지배자가 되어야 하는 것은 아닙니다. 더욱이 법으로 둘 중 누가 그런 위치에 있어야 하는지 결정해야 하는 것도 아닙니다. 결혼 다음으로 가장 흔한 자발적인 결합은 동업입니다. 동업 관계에서 어느 한쪽이 일에 대해 전적으로 관리를 하고 나머지 한쪽은 그런 지시에 따르도록 규정하는 경우는 찾을 수 없을 뿐더러 바람직하게 여기지도 않습니다. 상대에게 사장의 책임을 지우고 자신은 점원이나 중개인의 권한과 특권만 갖는 조건으로 동업을 하려는 사람은 아무도 없을 겁니다. 만약 법에서 결혼 관계와 같은 방식으로 다른 계약 관계를 다룬다면, 어느 한 사람이 공동 업무를 마치 자신의 개인 일인 듯 처리해야 하고 다른 사람들에게는 위임된 권한 밖에 없으며, 그 한 사람은 일반적인 추정에 의해 가령 최고령자로 지정되어야 한다는 의미입니다. 하지만 결코 법은 그렇지 않습니다. 더구나 경험에 따르더라도 동업자 사이에 이론적으로 힘의 불평등이 존재해야 한다거나 당사자들이 계약서의 조항에 따라 정한 것 외에 다른 조건이 있어야 할 필요는 없습니다. 그렇지만 결혼 관계와 달리 동업 관계에서는 상황이 좋지 못한 측의 권리와 이해관계에 위험이 덜 가는 쪽으로 독점적인 권한이 양보되는 것처럼 보입니다. 왜냐하면 상황이 좋지 못한 측은 동업 관계를 포기하는 식으로 언제든지 계약을 철회할 수 있기 때문입니다. 아내에게는 그런 권한이 없습니다. 설령 그런 권한이 있다고 해도 그것을 쓰기 전에 다른 모든 수단을 시도해 봐야 한다는 것이 거의 항상 바람직하게 여겨집니다.

매일 결정을 내려야 하고 차근차근 조정하거나 타협을 기다릴 수 없는 일이라면 한 사람의 의지, 즉 반드시 유일한 결정권을 가진 한 사람의 의지에 따라야 하는 것이 분명 맞습니다. 하지만 항상 같은 사람이 유일한 결정권을 가져야 한다는 말은 아닙니다. 두 사람이 권한을 나누는 것이 자연스러운 해결 방법입니다. 각자 자신이 맡은 부분에서는 절대적인 권한을 행사하고, 체계나 원리에 변화가 필요한 경우에는 두 사람 모두 동의를 해야 하는 식이지요. 권한을 나누는 것을 법으로 미리 정할 수도 없고 미리 정해서도 안 됩니다. 그것은 개인의 역량과 적성에 따라 결정되어야 하기 때문입니다. 두 사람이 원한다면 오늘날 흔히 재산 정리를 미리 결정해 놓는 것처럼 결혼 계약을 통해 사전에 그 문제를 정리할 수도 있습니다. 만약 이런 문제뿐만 아니라 다른 모든 일이 말다툼과 갈등의 대상이 되는 불행한 결혼에 해당되지 않는다면 상호 동의에 의해 그렇게 결정하는 데 아무런 어려움이 없을 겁니다. 권한을 나누면 자연스럽게 의무와 역할도 나뉘게 됩니다. 의무와 역할의 분할은 이미 상호 동의에 따라 이뤄지고 있거나 어떤 경우에도 법이 아닌 보편적인 관습, 즉 당사자들의 뜻에 따라 조정되고 조정될 수 있는 보편적인 관습에 따라 이뤄집니다.

심지어 오늘날에도 법적 권한이 주어질 수 있는 모든 일의 실질적인 결정은 대체로 상대적으로 자격이 있는 쪽에서 내립니다. 대부분의 경우에 남성은 가장 나이가 많다는 사실만으로 우월한 지위를 갖게 됩니다. 적어도 인생에서 나이 차이가 전혀 중요하지 않은 어느 순간에 이르기 전까지는 말이지요. 또한 남성이든 여성이든 생계를 책임지는 쪽에 자연스럽게 앞으로 일에 대한 발언권이 더 생기게 됩니다. 이런 원인에서 비롯되는 불평등은 혼인법이 아니라 기존 인간 사회의 일반적인 상황에 따른 것입니다. 일반적인 혹은 전문적인 지능이 뛰어난 사람과 인격이 훌륭한 사람의 결정이 미치는 영향이 당연히 큰 것만 봐도 그렇습니다. 현재까지 항상 그렇습니다. 이런 사실은 (동업자들 사이의 권한과 책임처럼) 인생의 동반자들 사이에 존재하는 권한과 책임을 상호 동의에 따라 만족스럽게 나눌 수 없다는 견해의 근거가 얼마나 빈약한지를 보여줍니다. 동업 관계가 실패에 이른 경우를 제외하면 권한과 책임은 항상 잘 나닙니다. 두 사람의 관계가 완전히 잘못되어 그 관계에서 벗어나는 것이 양측에게 일종의 축복인 경우가 아니라면 한쪽이 절대적인 권한을 행사하고 다른 한쪽은 복종하는 일은 결코 벌어지지 않습니다. 누군가는 그런 차이가 우호적으로 해결될 수 있는 것은 비장의 수단이라고 알려진 법적 강제력 때문이라고 말할지도 모르겠습니다. 왜냐하면 사람들이 중재에 따르는 배경에는 법원의 존재가 있어서 그렇게 따를 수밖에 없음을 알고 있기 때문이라는 것입니다. 하지만 이 문제와 비교하기 위해 우리는 법정의 원칙이 사건의 원인을 심리하는 게 아니라 항상 같은 쪽, 가령 피고를 위해 판결하는 것이라고 전제해야 합니다. 만일 그렇다면 그런 판결에 대한 복종이 원고 입장에서는 거의 모든 중재를 받아들이게 되는 동기가 되겠지만, 피고 입장은 정반대가 될 것입니다. 법이 남편에게 부여한 절대군주 같은 권한은 아내로 하여금 두 사람 사이의 실질적인 권한 분배로 만들어진 그 어떤 중재에 대해서도 동의하는 이유가 될 수 있겠지만, 남편이 그렇게 할 이유가 될 수는 없습니다. 적어도 그중 한 사람은 물리적으로나 도덕적으로나 타협을 할 필요가 없는데도 예의 바르게 행동하는 사람들 사이에서 언제나 실질적인 타협이 가능하다는 것은, 적절하지 않는 경우를 제외하면, 두 사람의 결혼 생활을 양쪽 모두에게 만족스럽게 자발적으로 조정해 주는 자연스러운 동기가 대체로 작동함을 보여줍니다. 한쪽은 독재 권한을 가지고 다른 한쪽은 복종할 수밖에 없는 법적 기초를 바탕으로 자유 국가의 상부구조가 세워지고 독재가가 그저 기분에 따라 아무런 경고 없이 모든 양보를 철회할 수 있다면, 법령을 정하는 것으로는 이 문제를 확실히 개선하지 못합니다. 그렇게 불안정한 상황에 갇혀 있을 때라면 자유는 별로 가치가 없습니다. 법이 어느 한쪽에 터무니없을 정도의 힘을 실어준다면 그 상황이 매우 공정하다고 할 수는 없을 것입니다. 두 사람 사이를 조정할 때, 한 사람은 모든 권한을 가지는 반면, 다른 한 사람은 상대방이 기분이 좋아 인심을 쓰는 경우가 아니라면 아무런 권한도 누릴 수 없으며 과도하게 억압을 받더라도 저항하지 않겠다는 강력한 도덕적·종교적 의무감에 사로잡혀 있다면 공정하지 않은 것입니다.

여성에 대해 극단적인 반감을 가진 완고한 사람들은 사실 남편들이란 합리적이며 강요를 받지 않아도 자신의 배우자에게 공평하게 양보하는 것을 마다하지 않지만, 아내들은 그렇지 못하다고 말할지도 모르겠습니다. 아내에게 어떤 권한이 허용된다면 다른 사람의 권리를 전혀 인정하지 않을 것이며, 남편이 강제적으로 모든 것을 포기하도록 만들지 않으면 결코 아무것도 포기하지 않을 것이라고 말이지요. 이런 말은 여성에 대한 풍자가 유행하던 시절, 그리고 남성이 그렇게 만들었다며 여성들을 모욕하는 것을 똑똑하다고 생각했던 몇 세대 전까지만 해도 많이들 했을 겁니다. 하지만 오늘날에는 답변을 내놓을 만한 사람 중 누구도 그렇게 말하지 않습니다. 여성이 남성보다 호감을 덜 보인다거나 아주 강력한 유대관계를 맺고 있는 사람들에 대한 배려가 적다는 이론은 오늘날 들리지 않습니다. 오히려 우리는 여성을 호의적으로 대우하는 것을 완강히 반대한 사람들로부터 여성이 남성보다 더 낫다는 말을 끊임없이 듣고 있습니다. 그래서 이 말이 모욕을 주고 미안하다는 표정을 짓는 것처럼 거슬리는 빈말이 되어 버렸습니다. 걸리버에 따르면 릴리퍼트[24]의 왕이 가혹하기 이를 데 없는 칙령을 내리기에 앞서 언제나 관대한 성찬을 베풀어 주는 것과 비슷한 모양새인거지요. 만약 여성이 남성보다 더 나은 점이 있다면, 그것은 분명 자기 가족들을 위해 자신을 희생하는 일입니다. 하지만 여성들은 누구나 자기희생을 하도록 태어났고 창조되었다고 배우는 한, 나는 이 점에 대해서는 그다지 강조하지 않겠습니다. 나는 남녀의 권한이 평등해지면 오늘날 여성의 이상적인 성격이라고 인위적으로 강요하는 과장된 자기 부정이 약해질 것이고, 착한 여성이라고 해도 최고의 남성보다 자기희생에 더 앞장서지는 않을 것이라고 생각합니다. 반면에 남성들은 지금보다 훨씬 덜 이기적이고 자기희생에 앞장설 것이라고 봅니다. 왜냐하면 남성들은 자신들의 의지가 또 다른 이성적 존재에 대해 법이나 다름없을 만큼

---

[24] 영국 작가 조나단 스위프트의 소설 〈걸리버 여행기〉에 등장하는 소인국.

대단하다는 숭배 교육을 더 이상 받지 않을 테니까요. 이런 자기 숭배만큼 남성들이 손쉽게 배우는 것은 없습니다. 특권을 가진 사람이나 특권 계급에 속한 사람들은 하나같이 자기 숭배를 하고 있습니다. 하층 계급으로 내려갈수록 자기 숭배의 경향이 더 강해집니다. 불행한 아내와 아이들을 제외하면 어느 누구 위에도 군림하지 못하거나 그런 기대조차 할 수 없는 사람들이 특히 그렇습니다. 이 자기 숭배의 경향은 다른 인간적인 약점들에 비해 유독 예외가 적습니다. 철학과 종교는 이 약점이 드러나지 않게 막는 대신 오히려 그것을 정당화하고 있습니다. 인간은 평등하다는 실천적인 감정만이 이 약점을 통제할 수 있습니다. 이는 기독교의 이론이지만, 기독교가 실제 그것을 가르치는 일은 결코 없을 것이고 오히려 자의적인 차별에 기반을 둔 제도들을 옹호하고 있습니다.

분명 남성들과 마찬가지로 여성들 중에서 평등한 배려에 만족하지 못하는 사람들이 있을 겁니다. 자신의 것 이외에 어떤 의지나 소망이 존중받는 것이 마뜩찮은 사람들이지요. 이런 사람들이야말로 이혼법이 필요한 대상입니다. 이들은 혼자 사는 데만 적합하기 때문에 그 누구에게도 그들과 어울려 함께 살도록 강요해서는 안 됩니다. 그러나 법적인 종속 상태에서는 여성들에게서 그런 성격이 더욱 빈번히 나타나게 하는 경향이 있습니다. 만약 남성이 자신의 모든 권력을 휘두른다면 당연히 여성은 꼼짝도 할 수 없습니다. 하지만 여성이 관대한 대우를 받고 권한을 얻는 것이 허용된다고 해도 그 권한의 범위를 한정하는 규칙은 없습니다. 법은 — 여성의 권리를 규정하지 않고 이론적으로 여성에게 아무런 권리도 허용하지 않으면서 실제로는 — <u>스스로</u> 노력해서 무엇을 얻을 수 있는지가 여성이 가질 수 있는 권리의 척도라고 선언합니다.

결혼한 사람들이 법 앞에 평등하다는 것은 이 독특한 관계가 남편과 아내 양쪽 모두에게 정의와 다를 바 없고, 두 사람의 행복에 도움이 될 수 있는 단 하나의 양식일 뿐만 아니라 인간의 일상생활이 어떤 고상한 의미에서는 도덕을 함양하는 일종의 학교가 될 수 있게 하는 유일한 방법입니다. 비록 앞으로 몇 세대가 지나도 이런 진실이 지각되거나 널리 인정받지 않을 수도 있지만, 동등한 사람들끼리 이룬 사회야말로 진정한 도덕 감정을 배울 수 있는 유일한 학교인 것이지요. 지금까지 인류의 도덕 교육은 주로 힘의 법칙에서 비롯되었고, 힘이 만들어 내는 관계에 거의 전적으로 순응했습니다. 사회 발전이 늦은 국가들에서 사람들은 자신과 동등한 처지에 있는 이들과의 관계를 그다지 인식하지 못합니다. 사회는 최상위층에서 최하위층까지 이어진 하나의 긴 사슬이거나 어찌 보면 사다리 같아서 모든 개인은 가장 가까운 주변인의 위 혹은 아래에 있고 명령을 내리는 위치에 있지 않으면 복종해야 하는 처지에 있습니다. 그렇기 때문에 기존의 도덕 체계는 주로 명령과 복종 관계에 적합합니다. 그러나 명령과 복종은 인간의 삶에서 불행하게 강제된 것이고, 평등한 사회가 정상적인 상태입니다. 이미 현대 사회뿐 아니라 사회가 점점 더 단계적으로 발전할수록 명령과 복종은 삶에서 예외적인 사례가 되고, 동등한 관계는 사회의 일반 규칙이 되고 있습니다. 인류의 초기 시대에서 도덕 체계의 기본은 힘에 굴복하는 복종이었습니다. 그다음 시대에는 약자가 자신의 권리를 강자의 관용과 보호에 맡기는 것이 되었습니다. 한 사회와 삶의 형태는 다른 형태의 삶과 사회를 위해 만들어진 도덕 체계에 얼마나 오랫동안 만족할 수 있을까요? 복종에 바탕을 둔 도덕 체계도 있었고, 기사도 정신과 관대함에 기초한 도덕 체계도 있었습니다. 이제는 정의의 도덕 체계를 세울 때입니다. 이전 시대에서 평등한 사회를 만들려는 시도가 있을 때마다 정의가 덕의 기초라는 주장은 흔들리지 않고 이어졌습니다. 그렇게 해서 등장한 것이 고대의 자유 공화국들입니다. 하지만 최고의 자유 공화국들에서도 동등한 지위를 누린 이들은 남성 자유민들에게 국한되었습니다. 노예와 여성, 참정권이 없는 거주민은 힘의 지배에서 벗어나지 못했습니다. 로마 문명과 기독교의 복합적인 영향력으로 이런 차별은 없어졌고, 이론상으로는(실제로는 절반의 성과일 뿐이라고 해도 말이지요) 인간이라는 존재는 그 자체로 성별이나 계급, 사회적 지위보다 우선한다는 주장이 선언되었습니다. 이렇게 무너지기 시작하던 장벽은 북방 민족의 정복으로 다시 높아졌습니다. 근대사 전체는 이런 장벽이 서서히 무너져가는 과정으로 이루어져 있다고 할 수 있습니다.

우리는 정의가 다시 최고의 덕목이 되는 시대에 들어서고 있습니다. 이전에는 동등한 관계가 정의의 바탕이 되었다면 이제는 공감의 관계도 포함되고 있습니다. 정의의 기반이 더 이상 동등한 처지에 있는 사람들의 자기 보호 본능에 있지 않고 그들 간의 세련된 동정심에 있습니다. 이제는 누구도 제외되지 않으며 평등한 조치가 모든 사람에게 확대되고 있습니다. 인류가 자신들의 변화를 확실히 내다보지 못하고 그 정서가 앞으로 다가오는 시대가 아닌 과거 시대에 익숙하다는 것은 새로운 일이 아닙니다. 종족의 미래를 예견하는 것은 항상 엘리트 또는 엘리트로부터 교육을 받는 사람들의 특권이었습니다. 엘리트 중에서도 그런 미래를 체감하는 것은 소수만 할 수 있는 특별한 일이었고, 그 소수의 엘리트는 대체로 순교의 대상이었습니다. 새로운 시대가 온 지 한참이 지났지만 제도나 책, 교육, 사회 모두 사람들에게 여전히 과거를 가르치는 일에 몰두합니다. 하물며 이제 막 새로운 시대가 시작되는 경우는 말할 것도 없겠지요. 하지만 인간의 진정한 미덕은 서로 평등한 위치에서 함께 살 수 있는 적응력에 있습니다. 즉 자기 것을 주장하기보다는 다른 사람에게 기꺼이 양보하고, 예외적으로 필요한 경우라면 어떤 종류의 명령도 존중하지만 그 경우에도 일시적으로만 명령을 내리고, 가능하다면 사람들이 서로 번갈아 가며 지시하고 따르는 사회를 우리는 선호합니다. 현재 우리의 삶에는 이런 덕목을 훈련을 통해 양성할 수 있는 요인이 없습니다. 가정은 일종의 전제정치 학습의 장이 되어서 전제정치의 미덕과 악덕이 무성하게 자라고 있습니다. 자유국가에서 시민권은 평등한 사회를 터득하는 학습의 장이 되기도 하지만, 현대인의 삶에서 시민권은 작은 부분을 차지할 뿐이어서 일상적 습관이나 마음속 깊은 감정과는 거리가 있는 형편입니다. 제대로 된 가정은 자유의 덕목을 키울 수 있는 진정한 학습의 장이 될 것입니다. 아울러 다른 덕목을 키우기에도 충분한 학습의 장이 분명합니다. 아이들에게는 복종을 가르치고 부모에게는 명령을 가르치는 학교가 될 것입니다. 무엇보다 필요한 것은 어느 한쪽이 명령하고 다른 한쪽이 복종하는 관계가 아니라 평등에 대해 공감하고 사랑하며 함께 살아가는 법을 배우는 터전이 되어야 한다는 점입니다. 우선 부모부터 그것을 실행해야 합니다. 그러고 나서 다른 모든 관계에서 필요로 하는 각각의 덕목을 실천하게 될 것이고, 아이들에게 복종이라는 방식으로 일시적인 훈련을 시켜 그런 덕목이 습관이 되고 자연스러워지도록 감정과 행동의 표본이 될 것입니다. 사회의 일반 규칙에 부합되는 동일한 도덕 규칙이 가정에서 실시되기 전에는 인류의 도덕적 훈련은 다른 모든 인간의 발전을 가능하게 하는 삶의 조건에 결코 부합할 수 없습니다. 가장 가깝고 소중하게 여기는 친밀한 사람들에게 절대적인 지배자로 군림하는 사람이 느끼는 자유의 감정은 진정한 자유나 기독교에서 선호하는 자유가 아닙니다. 그것은 고대나 중세 시대에 일반적으로 선호했던 자유, 즉 자신이라는 존재에 대한 존엄성과 중요성을 강렬하게 느끼고 자신을 속박하는 것은 무엇이든 거리낌 없이 거부하면서 자신의 이익이나 영광을 위해서는 타인에게 기꺼이 속박을 지우는 그런 자유입니다.

나는 결혼한 수많은 사람이(영국 상류층에서 아마 대다수가 그럴 겁니다) 현재의 법체계에서도 평등이라는 공정한 법의 정신을 따른다고 기꺼이 인정하는 바입니다(이것이 내가 희망을 갖는 근본 이유입니다). 기존의 법들보다 도덕 감정이 더 뛰어난 수많은 사람이 없었다면 법은 결코 개선되지 않았을 겁니다. 그런 사람들은 내가 여기서 주장하는 원리들을 지지해야 합니다. 그 원리들의 유일한 목적은 결혼한 다른 모든 사람이 지금 이 원리들에 걸맞은 삶을 살도록 하는 것입니다. 하지만 도덕적으로 상당히 훌륭한 사람이라고 해도 사유하는 유형이 아니라면 자신이 직접 해악을 경험해 보지 못한 법이나 관행이 (일반적으로 수용되는 것처럼 보인다면) 폐해를 낳기보다는 오히려 이로울 수 있으므로 반대하는 것은 옳지 않다고 생각하기 쉽습니다. 하지만 결혼한 사람들은 자신과 배우자를 묶어준 관계의 법적 조건을 1년에 한 번도 생각하지 않고 모든 면에서 두 사람이 법적으로 평등한 것처럼 느끼고 살기 때문에, 남편이 악명 높은 악당 같은 존재가 아니라면 결혼한 다른 사람들 모두 자신과 같은 처지일 거라고 가정하는 것은 대단한 착각입니다. 그렇게 가정하는 것은 인간의 본성과 현실에 대한 무지를 드러내는 것과 다를 바 없습니다. 권력을 소유하는 것이 적합하지 않은 사람일수록, 즉 누군가에게 권력을 행사할 때 당사자의 자발적 동의에 따라 행사하지 않을 것 같은 사람일수록, 법이 부여한 권력에 대한 의식이 강하고 관례가 허용하는 범위 내에서 최대한으로 권력의 합법적 권한을 요구하고 그 권력을 행사하는 데서 쾌락을 느끼면서 권력을 소유하고 있다는 유쾌한 기분 자체에 한껏 취합니다. 그뿐만이 아닙니다. 하층 계급 가운데 천성적으로 아주 무자비하고 도덕 교육을 전혀 받지 못한 부류는 여성이 법적으로 노예와 같은 처지이고 단지 물건처럼 남성의 의지에 물리적으로 종속된 존재라는 사실 때문에, 자신이 접한 다른 여성이나 다른 사람에게는 갖지 못한 무례하고 모멸적인 감정을 자신의 아내에게 표출해서는 아내를 어떤 모욕적인 짓을 해도 괜찮은 대상처럼 만듭니다. 예리한 관찰력을 가지고 있다면 적절한 기회가 왔을 때 과연 이것이 사실인지 아닌지 스스로 판단해 봅시다. 만약 그것이 사실이라고 확인된다면, 인간의 정신을 이렇게 타락한 상황으로 손쉽게 이끄는 제도에 대해 혐오와 분노가 들지 않을 수 없습니다.

어쩌면 누군가는 종교가 복종의 의무를 강요한다는 말을 들었을 겁니다. 너무 심각해서 어떤 다른 변명의 여지가 없는 기존의 모든 실상에 대해 항상 종교의 명령이라는 답변을 내놓는 것처럼 말이지요. 교회의 의식에서 복종을 명령하는 부분이 있는 것은 사실이지만, 그런 명령이 기독교에서 비롯되었다고 보기는 어렵습니다. 사도 바울이 "아내들이여, 남편에게 순종하라."[25]고 말했다고 하지만, 그는 또한 "노예들이여, 주인에게 순종하

---

[25] 에베소서 5장 22절, 〈아내들이여 자기 남편에게 복종하기를 주께 하듯 하라.〉

라."[26]고 말했습니다. 기존 법체계에 반기를 들라고 부추기는 것은 사도 바울의 관심사가 아니었고, 기독교의 전파라는 그의 목표와도 맞지 않았습니다. 사도 바울이 기존의 모든 사회 제도를 있는 그대로 받아들인 것은 적절한 시점에 그런 제도를 개선하려는 시도를 용인하지 않으려 했다기보다는 "그런 권력은 신이 내리신 것이다."[27]라는 그의 말처럼 기독교적 정부의 형태로서 군부 독재를 인정한다거나 아니면 소극적인 복종을 명령한 것으로밖에 해석할 수 없습니다. 기독교가 기존의 지배 형태와 사회 형태를 정형화하고 변화를 막으려 한다는 주장은 기독교를 이슬람교나 브라만교 수준으로 격하시키는 것입니다. 기독교가 결코 그렇지 않았으므로 기독교는 진보적인 부류의 종교가 됐고, 이슬람교나 브라만교, 그밖에 종교들은 정체하는 부류, 더 정확히 말하면(실제

---

[26] 에베소서 6장 5절, 〈종들아 두려워하고 떨며 성실한 마음으로 육체의 상전에게 순종하기를 그리스도께 하듯 하라.〉

[27] 로마서 13장 1절, 〈각 사람은 위에 있는 권세들에게 복종하라. 권세는 하나님으로부터 나지 않음이 없나니 모든 권세는 다 하나님께서 정하신 바라.〉

로 정체하는 사회 같은 것은 존재하지 않으니까요) 쇠퇴하는 부류의 종교가 됐습니다. 기독교 시대 내내 이와 같은 일을 하려고 시도한 사람들이 많이 있었습니다. 사람들을 일종의 기독 회교도 Christian Mussulmans 로 개종시키고 성경 대신 코란을 읽게 하며 일체의 진보를 막아버렸습니다. 그들의 위력이 대단해서 그들에게 저항하기 위해 많은 이가 목숨을 희생해야 했습니다. 하지만 저항은 계속되었고, 그 저항으로 오늘날의 우리가 되었으며 앞으로의 우리 모습도 만들어질 것입니다.

복종의 의무에 관해 이 정도 이야기하고 보니 일반적인 복종에 포함된 보다 구체적인 문제, 즉 여성의 재산 소유권에 대해 말하는 것이 쓸데없는 일처럼 보입니다. 여성이 결혼 후에도 결혼 전과 마찬가지로 상속이나 소득에 대한 소유권을 가져야 함을 납득시켜야 하는 사람들에게 이런 내 주장이 인상적으로 들릴 수 있을 거라고 기대할 수 없기 때문입니다. 원칙은 간단합니다. 남편이든 아내든 결혼하기 전에 갖게 된 것에 대해 결혼 후에도 각자 독점적으로 관리해야 합니다. 자녀에게 남겨주기 위해 재산을 양도 대상으로 묶어두는 법적 절차에 휘둘릴 필요가 없습니다. 부부가 돈 문제를 각자 관리하는 발상에 대해, 어떤 이들은 두 사람이 하나가 되는 이상적인 결합과는 상반된다면 감정적인 동요를 보입니다. 제 입장을 말하자면, 소유자들이 완전한 일체감을 느껴서 서로 모든 것을 공유하겠다고 하면 재산의 공동 소유를 강력하게 지지합니다. 하지만 내 것은 네 것이지만, 네 것은 내 것이 아니라는 원칙에 기반을 둔 공동 소유에는 전혀 흥미가 없습니다. 누군가와 그런 협정을 맺으면 내 자신이 이익을 얻는다고 해도 거절하는 쪽을 택할 것입니다.

여성에 대한 이런 유별난 불의와 억압은 상식적으로 생각해서 다른 모든 문제보다 명명백백하지만, 다른 폐해에 저촉되지 않고도 해결할 여지가 있습니다. 이는 거의 의심할 여지가 없이 가장 초기 단계의 해법 중 하나일 것입니다. 이미 미연방의 여러 신생 주와 기존 몇몇 주에서는 이와 관련하여 여성의 평등한 권리를 보장한다는 규정들이 성문 헌법에 삽입되었습니다. 그리하여 결혼한 여성 중 적어도 재산이 있는 이들에게 서명하지 않으면 재산을 양도할 수 없다는 한 가지 권한을 남겨둠으로써 그들의 물질적 지위가 개선되고 있습니다. 또한 순전히 재산을 빼앗으려는 목적으로 남성이 젊은 여성을 속여서 결혼 전 재산을 처분하지 않은 채 자신과 결혼하게 만드는 경우처럼 결혼 제도가 악용되는 것도 막을 수 있게 되었습니다. 가족의 생계가 재산이 아니라 수입에 의해 유지되는 경우, 남편이 돈을 벌어오고 아내는 가계 지출을 관리하는 평범한 방식이 두 사람에게 일반적으로 가장 적절한 분업이라는 생각이 듭니다. 만약 출산의 육체적 고통과 어린 자녀를 보살피고 가르치는 일을 전적으로 책임지는 것에 더해 남편이 벌어오는 돈을 가족 전체의 편안한 생활을 위해 신중하고 경제적으로 사용하는 일까지 맡는다면, 아내는 결혼 생활에서 육체적·정신적으로 요구되는 자신의 적정한 몫뿐만 아니라 더 큰 몫을 떠맡게 되는 셈입니다. 아내가 추가로 어떤 일을 맡는다고 해서 기존의 몫이 줄어들지 않으며 오히려 제대로 수행하는 것을 방해할 뿐입니다. 아이를 돌보는 일이나 집안일을 하지 못한다고 해도 다른 누군가 해주지 않습니다. 살아남은 아이들은 최대한 알아서 커야 하고 집안일은 엉망이 될 수밖에 없어서 아내가 밖에서 벌어오는 돈의 가치가 가계에 큰 손실이 되는 지경

에까지 이를 수 있습니다. 그러므로 상황이 다른 곳[28]이라면 그렇게 하는 것이 타당하겠지만, 아내가 다른 일을 해서 가계에 도움을 준다는 것은 바람직한 관습이라고 볼 수 없다는 생각입니다. 공평하지 않은 상황에서라면 아내가 법적으로 주인 위치에 있는 남편에게 더 잘 보이려고 그렇게 하는 것이 스스로에게 도움이 될 수도 있겠지요. 하지만 남편은 대부분의 시간을 술을 퍼마시며 빈둥거리면서 아내에게는 억지로 일을 시키고 가족의 생계를 책임지게 해서 자신의 권력을 더욱 남용하게 될 수 있습니다. 만약 아내가 별도의 재산을 가지고 있지 않다면 돈을 버는 힘은 아내의 존엄성에 있어 필수적입니다. 하지만 결혼이 복종의 의무를 내포하지 않는 평등한 계약이라면, 혼인 관계가 단지 폐해에 불과한 사람에게 더 이상 그 관계를 강요할 수 없고 공정한 조건에서 별거(이혼을 말하는 것이 아닙니다)하는 것을 도덕적 권리가 있는 여성 누구나 인정받을 수 있다면, 그리고 여성도 신망 높은 직업을 남성처럼 자유롭게 구할 수 있다면, 결혼한 여성이 이 돈 버는 능력을 발휘하는 것이 스

---

[28] 예컨대 혼인관계가 공평하고 가사분담이 공정한 곳.

스로를 보호하는 데 필수적이지는 않을 것입니다.[29] 여성이 결혼할 때, 직업을 선택할 때의 남성처럼, 여성은 이제껏 인생의 대부분을 그런 목적에 따라 살아왔으므로 집안일을 하고 가족을 부양하는 일을 가장 우선시해야 하는 것이라고 대다수 사람은 이해하고 있습니다. 그러므로 다른 목표나 직업 전부까지는 아니라고 해도 적어도 지금껏 해왔던 일에 방해되는 것은 거부해야 한다고 말이지요. 이런 원칙에 따르면, 바깥일이나 집에서 할 수 없는 일을 지속적으로 혹은 전문적으로 한다는 것

---

[29] 이 단락에서는 밀의 견해에 유의할 필요가 있다. 밀은 여성의 경제활동을 부정하지 않는다. 바로 앞 문장에서 아내가 별도의 재산이 없다면 돈을 버는 일이 아내의 존엄을 지키기 위해 필수적이라고 진술했다. 다만, 밀은 여성의 종속 상태가 유지되는 한, 집안일과 자녀교육을 전담하고 있는 여성의 고통이 가중된다고 생각한다. 남성은 가사활동에 참여하지 않으면서 여성의 경제활동으로 얻는 소득까지 착취하기 때문이다. 그러나 여성의 종속이 폐지되고 공평한 관계가 정립된다면, 자아실현을 위해서 경제활동을 할 수는 있어도 남편으로부터 자기를 보호하기 위한 목적으로 경제활동을 하지 않아도 된다는 것이다.

은 결혼한 여성 대다수에게는 사실상 금지된 것이나 다름없습니다. 하지만 일반적인 원칙을 개별적인 상황에 적용하려면 최대한 감안해야 하는 기준이 있어야 합니다. 그리고 집안일이 아닌 다른 직업에 월등하게 적합한 능력을 가졌지만 결혼했다는 이유로 그것을 발휘하지 못하게 막는 일도 없어야 합니다. 가정의 안주인으로서 해야 하는 통상적인 역할을 전부 수행함에 있어서 불가피하게 나타나는 허점을 메우기 위한 관련 규정이 만들어져야 합니다. 이 문제를 여론이 제대로 파악할 수만 있다면 이런 상황은 법이 개입하지 않더라고 여론에 의해 아주 무난하게 정상으로 돌아갈 것입니다.

제3장

여성의 직업

가족 내에서 여성이 평등한 대우를 받아야 한다는 내 주장에 동조한 사람이라면, 여성을 평등하게 대우하는 문제와 관련된 또 다른 주장, 즉 지금까지 힘이 더 센 남성이 독점해 온 모든 역할과 직업을 여성에게도 허용해야 한다는 주장에 대해서도 쉽게 납득할 수 있을 거라고 생각합니다. 나는 여성들이 다른 분야에서 능력을 발휘할 수 없다는 생각은 여성을 집안일에 매어두기 위한 집착일 뿐이라고 보는데, 대다수 남성은 여성과 동등하게 산다는 생각을 여전히 받아들이지 못합니다. 그런 게 아니라면 현재의 정치적·경제적 여론으로 봤을 때, 인류의 절반을 차지하는 여성이 고수익 직업 대부분과 거의 모든 사회 고위직에서 배제되는 부당함을 인정할 것입니다. 그들은 가장 멍청하고 열등한 남성들에게도 법적으로는 문이 열려 있는 직업에 대해 여성으로 태어났다는 이유만으로 그 일에 적임이 아니라거나 도무지 어울릴 수 없다고 규정하거나, 그렇지 않으면 아무리 적합한 능력을 가지고 있다고 해도 남성이 독점적으로 누리는 혜택을 지켜주기 위해 여성을 채용하는 것을 금지해야 한다고 합니다. 지난 두 세기 동안 여성이 다른 분야의 일을 할 수 없다는 것을 정당화하기 위해 여성으로 태어났다는 사실 말고 다른 이유를 들어야 할 것 같을 때조차 (사실 그런 경우는 거의 없었습니다만), 사람들은 여성의 지능이 열등하다는 것을 이유로 들지 않았습니다. 때로 공직을 얻으려는 치열한 과정에서 개인의 역량을 실제 시험해야 할 때(이런 경우에 여성이라고 모두 배제되지는 않았습니다), 그런 시험이 공정하게 진행될 것이라고 믿은 사람은 아무도 없었습니다. 당시에 내세운 이유는 여성은 그런 일에 부적격하다는 것이 아니라 사회의 이익, 다시 말해 남성의 이익에 방해가 된다는 것이었습니다. 마치 국가에 이익이 되고 기존 체제를 유지하는 데 도움이 된다면 아무리 극악한 범죄에도 충분한 설명과 변명을 부여하는 국가 이성$_{\text{raison d'état}}$처럼 말이지요. 오늘날 권력자는 더 부드러운 언어를 고수하며, 누구를 억압하든 항상 억압 받는 이들의 이익을 위해서 그러는 것처럼 합니다. 그러므로 여성에게 어떤 일을 금지시킬 때도 여성은 그런 일을 할 수 없을 뿐더러 그런 일을 하고 싶다면 진정한 성공과 행복의 길에서 벗어난다고 말하는 게 필요하다는 것이며, 또 그렇게 믿는 것이 바람직하다고 여깁니다.

하지만 이런 이유가 그럴듯하게 보이려면(나는 타당하다고 말하지 않았습니다), 그런 주장을 하는 사람들은 누구든 현재의 경험에 비추어 내놓을 수 있는 것보다 훨씬 더 폭넓고 깊이 있는 근거를 내놓을 준비가 되어 있어야 합니다. 일부 예외가 있기는 하지만, 평균적으로 여성은 남성에 비해 지능이 떨어진다거나, 고도의 지적 능력이 필요한 직업이나 역할에 적합한 여성의 수가 남성의 수에 비해 적다고 주장하는 것으로는 충분치 않습니다. 여성은 아예 그런 일이나 역할에 적합하지 않고, 아무리 특출한 여성이라고 해도 현재 그런 일이나 역할을 맡고 있는 평범하기 그지없는 남성보다 지적 능력 면에서 열등하다고 말할 정도는 되어야 합니다. 왜냐하면 만약 어떤 역할을 수행하는 인물을 경쟁에 따라 결정하거나 또는 공익이 보장되는 선택 기준에 따라 결정한다면, 어떤 중요한 일이 보통 수준의 남성이나 남성 경쟁자의 평균보다 열등한 여성에게 맡겨질 것을 걱정할 필요가 전혀 없을 테니까요. 결과적으로 그런 직종에는 여성보다 남성이 많이 종사하게 될 수밖에 없습니다. 이는 대다수 여성이 경쟁 상대가 없는 한 가지 직업을 선호할 수밖에 없는 상황이라면 쉽사리 나올 수 있는 결과입니다.

그렇지만 아무리 단호한 여성 비하자라고 해도 과거의 경험에 현재의 경험을 더해보면 단지 소수의 여성이 아니라 수많은 여성이 남성들이 하는 모든 일을 어쩌면 단 한 번의 예외 없이 훌륭히 믿음직스럽게 할 수 있음을 스스로 입증해 왔다는 사실을 감히 부인하지는 못할 것입니다. 일부 남성은 해냈지만 여성들 중에는 아무도 해내지 못한 많은 일들이 있고, 여성이 최고 위치까지 오르지 못한 분야가 많이 있다는 말 정도는 할 수 있겠지요. 하지만 오직 지적 능력만으로 따진다면 여성들이 최고 위치는 아니라고 해도 그 아래 단계까지 오르지 못한 분야는 극히 드뭅니다. 이 정도면 이런 일들을 놓고 여성이 남성과 경쟁하지 못하게 하는 것이 여성에게는 횡포이고 사회에는 손해가 된다는 것이 충분, 아니 너무 명확하지 않은가요? 그런 일들을 흔히 대다수 여성보다 훨씬 능력이 떨어지며 공정한 경쟁의 장에서라면 여성에게 참패를 당할 남성들이 차지하고 있다니 너무 진부하지 않습니까? 현재 다른 일을 하고 있지만 문제의 일을 여성보다 더 잘할 수 있는 능력이 있는 남성들이 있을지 모른다는 게 무슨 상관입니까? 전부 경쟁의 장에서 벌어지는 일이 아닌가요? 유능한 사람의 근무를 거부할 정도로 우리 사회에서 고도의 능력을 갖춘 남성들이 그렇게 많습니까? 지금은 공석이라고 해도 사회적으로 중요한 의무나 역할을 수행하기에 적합한 남성을 언제든지 찾을 수 있다고 너무 확신하는 나머지 인류의 절반에게 금지령을 내리고 아무리 탁월한 능력을 가졌다고 해도 그 능력을 발휘하는 것을 미리 차단해도 잃을 것이 없다고 생각하는 게 아닙니까? 설령 우리가 여성들 없이 지낼 수 있다고 해도, 여성들에게 당연히 주어진 명예나 존중을 외면하거나 각자의 책임 아래 자신이 원하는 대로 직업을 선택할 수 있는(남에게 해를 주지 않는다면 말이지요) 모든 인간의 도덕적 권리를 부인하는 것이 정의에 부합하는 걸까요? 그런 부당함으로 여성들만 피해를 입는 것이 아닙니다. 여성들의 업무 수행으로 이익을 얻는 위치에 있는 사람들도 골고루 피해를 받습니다. 특정 부류의 사람들에게 의사나 변호사, 의회 의원이 될 수 없다고 명령하는 것은 당사자들에게만 상처를 주는 것이 아니라 의사나 변호사를 고용하거나 의회 의원을 선출하는 모든 사람들에게도, 개인의 선택 범위가 더 좁게 제한될 뿐 아니라 경쟁자들의 분발을 도모해서 더 큰 경쟁 효과를 얻으려는 기회가 박탈된 사람들에게도 피해를 주는 일입니다.

내 주장을 세부적으로 펼치는 데 있어 공공성의 측면에 한정해서 살펴봐도 충분할 것 같습니다. 왜냐하면 공공성의 측면에서 설득시킬 수 있다면, 실제 그 허용 여부와는 상관없이 여성들이 다른 중요한 모든 직업에 종사할 수 있어야 한다는 주장이 쉽게 인정받을 수 있을 테니까요. 그래서 다른 모든 역할과 확실히 구분될 뿐 아니라 여성의 능력과 관련하여 제기되는 문제와는 전혀 관련이 없는 사항에 대한 여성의 권리부터 먼저 짚고 넘어가려 합니다. 바로 의회 선거와 지방 선거에 대한 투표권입니다. 대중을 대신하여 직무를 수행할 사람을 선택하는 일에 동참할 수 있는 권리와 대중의 신뢰를 얻기 위한 경쟁에 나설 수 있는 권리는 완전히 다릅니다. 아무리 의회 의원이 되기에 적합하지 않은 후보자라고 해도, 아무도 그 후보자에게 투표할 수 없다면[30], 정부는 분명 편협한 과두정이 될 것입니다. 통치할 사람을 선택하는 일에 목소리를 내는 것은, 비록 자신은 통치 역할에서 영구히 배제된다고 해도, 모든 사람에게 마땅히 주어진 자기 보호의 수단입니다. 그리고 여성이 그런 선택을 하기에 충분히 자격이 있다는 것은 이미 법에서 여성에게 가장 중요한 일을 선택하는 권한을 주었다는 사실에서 입증된다고 할 수 있습니다. 즉 여성은 자신의 삶을 평생토록 지배하게 될 남성을 선택하는 일을 항상 자발적으로 한다고 여기고 있으니까요. 대중을 대신하여 직무를 수행할 사람을 뽑는 선거에서 투표권과 관련된 모든 안전장치와 제한사항을 정하는 것은 헌법이 해야 할 일입니다. 하지만 남성 유권자에게 어떤 장치가 필요하든지, 여성 유권자라고 해서 다른 추가 조치가 필요하지는 않습니다. 어떤 조건에서든 혹은 어떤 제한사항 속에서든, 남성에게는 투표권이 허용되지만 동일한 상황에서 여성에게는 투표권이 허용되지 않는 것은 눈곱만큼

---

[30] '그 후보자를 떨어뜨리기 위해 투표할 수 없다면'으로 해석된다.

의 정당한 이유가 없습니다. 여성의 이익과 그다지 관련된 문제가 아닌 한, 어떤 계급의 여성이든 상당수는 같은 계급의 남성 대다수와 정치적 의견이 크게 다르지 않습니다. 그렇다면 여성에게 공정하고 평등한 배려를 보장한다는 의미에서 투표권이 필요합니다. 이는 내가 주장하고 있는 원칙에 대해 어느 것도 동의하지 않은 이들에게조차 명백할 겁니다. 모든 여성이 결혼을 하고 결혼한 여성들이 모두 노예가 되어야 한다고 해도 오히려 그렇기 때문에 이런 노예 처지와 다를 바 없는 여성들에게 법적 보호가 필요합니다. 우리는 그 노예들이 어떤 법적 보호를 받고 있으며, 그 주인들이 어떤 입장에서 법을 만들고 있는지 알고 있습니다.

여성은 선거에 참여할 수 있을 뿐만 아니라 공직을 맡거나 중요한 공적 책임이 요구되는 직무를 수행하는 데에도 적합하다는 사실과 관련하여, 나는 이미 이런 사실에 대한 고려가 현재 논쟁 중인 이 현실적인 문제에 대단히 중요한 것은 아니라고 밝혔습니다. 어떤 여성이든 누구에게나 열려 있는 일에서 성공한다면 바로 그 사실로 자신이 자격이 있음을 입증하는 셈이니까요. 게다가 공직의 경우, 만약 그 나라의 정치 체계가 자격이 없는 남성을 배제시킨다면 자격이 없는 여성도 똑같이 배제시킬 것입니다. 그렇지 않은 경우라고 해도 공직에 들어간 부적격자가 여성인지 혹은 남성인지 여부는 특별히 문제가 되지 않습니다. 그러므로 다만 몇 명의 여성이라도 그런 일에 적합할 수 있다는 사실을 인정하는 한, 여성 일반의 능력과 관련하여 제기될 수 있는 어떤 의견도 그런 예외적인 경우마저 차단하는 법을 정당화할 수는 없습니다. 하지만 이 마지막 주장이 그다지 중요하지 않다고 해도 아무런 관련이 없는 것은 아닙니다. 편견이 없는 이런 관점은 여성이 무능하다는 것을 반박하는 주장에 추가로 힘을 실어주고, 실리적인 측면을 충분히 고려함으로써 그런 주장이 더욱 설득력을 얻기 때문입니다.

먼저 남성과 여성 사이에 존재한다고 하는 정신적 차이는 교육과 환경의 차이에서 비롯된 자연스러운 결과일 뿐이며, 여성이 남성보다 더 열등하지 않은 것은 물론이고 남성과 여성의 근본적인 차이가 없다는 것을 보여주는 모든 심리학적 의견들을 전체적으로 자세히 살펴보겠습니다.

여성들을 지금 있는 그대로 혹은 지금 알려진 그대로 보고, 그들이 이미 실제 보여준 능력만으로 생각해 봅시다. 여성들이 해낸 일은 적어도 그들이 그 일을 할 수 있다는 것을 입증합니다. 여성은 남성 몫으로 남겨놓은 일이나 직업은 어느 것이라도 할 수 있도록 교육받는 대신, 철저히 전혀 무관한 교육을 받는다는 것을 생각했을 때, 내가 여성이 실제 성취한 것을 중심으로 논의한다면, 분명 여성에게 매우 불리한 입장을 취하는 것과 같습니다.

그런데 이 경우 긍정적인 증거는 결정적인 가치가 있는 데 반해 부정적인 증거는 별 가치가 없습니다. 어떤 여성도 호메로스나 아리스토텔레스 또는 미켈란젤로나 베토벤에 필적하는 탁월한 수준의 작품을 내놓지 못했기 때문에 여성이 그들의 위치에 오르는 것은 불가능하다고 유추할 수는 없습니다. 이런 부정적인 사실은 기껏해야 이 문제를 불확실한 상태로 남겨둔 채 심리학적 논의의 가능성을 열어둘 뿐입니다. 하지만 어떤 여성이 분명 엘리자베스 여왕[31]이나 데보라[32] 또는 잔 다르크[33]가 될 수 있다는 것은 틀림없습니다. 이것은 추론이 아니라 역사적 사실이니까요. 그렇다면 흥미로운 사실은 현행법에서 여성이 하지 못하게 막는 바로 그것이야말로 여성이 할 수 있음을 입증한다는 점입니다. 여성이 셰익스피어의 희곡 같은 것을 쓰지 못하게 막거나 모차르트의 오페라 같은 것을 작곡하지 못하게 막는 법은 없습니다.

---

[31] Elizabeth I (1533~1603) 헨리 8세의 딸이자, 44년간 잉글랜드 왕국 및 아일랜드 왕국을 다스리면서 혼란을 수습하고 국력을 키우는 데 기여했다. 본명은 엘리자베스 튜더. 평생을 독신으로 살았으므로 '처녀 여왕the Virgin Queen'으로 언급되기도 했다. 직계 후손이 없었으므로 사후 튜더 왕가는 단절되고, 스튜어트 왕조가 이어졌다.

[32] Deborah. 구약성서 〈사사기〉에 등장하는 이스라엘의 여자 사사judge이자 선지자.

[33] Jeanne D'arc 1412~1431. 프랑스의 국민적 영웅이자 로마 가톨릭교회의 성인. 백년전쟁에서 16세의 나이로 조국 프랑스를 구하는 데 큰 공을 세웠다.

하지만 엘리자베스 여왕이나 빅토리아 여왕[34]은 남성에 필적하는 위대한 업적을 보여줬지만, 왕위를 물려받지 못했더라면 최소한의 정치적 역할도 맡지 못했을 것입니다.

심리학적 분석 없이 경험을 통해 어떤 결론을 유추해 본다면, 여성들은 그들에게 허용되지 않은 바로 그 분야에서 특출한 능력을 발휘했다는 것입니다. 얼마 주어지지 않은 기회를 통해 여성은 통치 역할을 수행했고 주목할 만한 성과를 거뒀습니다. 반면 겉으로는 여성에게 자유롭게 허용된 특별한 분야에서는 그다지 탁월한 성과를 내지 못했습니다.

우리는 남성 왕에 비교했을 때 여왕의 통치 사례가 얼마나 적은지 알고 있습니다. 손에 꼽을 정도의 여왕 가운데 뛰어난 통치 역량을 보여준 비율은 남성 왕에 비해 훨씬 높습니다. 상당수의 여왕이 어려운 시기에 왕위에

---

[34] Alexandrina Victoria 1819~1901. 64년간 재위하며 19세기 대영제국의 전성기를 이끈 여왕.

올랐지만 말이지요. 또한 이상적인 전통적 여성상의 성격과는 정반대의 성품을 보여준 사례가 많다는 점도 눈여겨볼 만합니다. 여왕들은 뛰어난 지적 능력뿐만 아니라 단호하고 정력적인 통치로 크게 주목을 받았습니다. 여왕이나 황후에 더해 섭정이나 식민지의 통치자까지 감안하면 인류 역사에서 탁월한 여성 통치자의 숫자는 훨씬 늘어납니다.[B] 이 사실을 결코 부정할 수 없는 나머지 옛날 누군가는 그에 반박하려고 여왕이 남성 왕보다 뛰어난 것은 남성 왕 아래에서 여성이 나라를 다스렸지만 여왕 아래서는 남성이 나라를 다스렸기 때문이라고 말함으로써 명백한 진실을 다시 한 번 왜곡시켰습니다.

> 밀 주석 B: 유럽뿐 아니라 아시아까지 고려하면 이는 특히 그렇습니다. 힌두 지역이 강력하고 빈틈없이 효과적으로 통치될 때, 대중을 탄압하지 않으면서 질서가 유지될 때, 또는 경작 범위가 늘어나고 사람들의 삶이 윤택해질 때, 여성 지도자의 통치 아래인 경우가 네 번 중 세 번이었습니다. 전혀 예상치 못한 이런 사실은 힌두 지역 통치에 관한 수많은 공식 정보를 통해 파악한 것입니다. 이런 사례는 아주 많습니다. 힌두 지역의 제도에서 여성은 직접 통치할 수는 없지만, 왕권 계승자가 미성년자인 기간에는 법적으로 섭정을 할 수 있습니다. 더구나 남성 통치자들이 운동 부족이나 지나치게 여색을 밝힌 탓에 일찍 사망하

는 경우가 많아서 미성년자가 왕위를 물려받는 일이 빈번합니다. 섭정을 하게 된 이 왕족 여성들은 대중 앞에 나선 적도 없고, 휘장 뒤가 아니라면 가족이 아닌 다른 남성과 이야기를 나눈 적도 없으며, 글을 읽을 줄 모르고 혹여 읽을 줄 안다고 하더라도 정무에 관해 최소한의 지식이라도 얻을 수 있을 만한 자신의 모국어로 쓰인 책도 없습니다. 이 여성들이 보여준 타고난 통치 역량의 사례들은 그저 놀라울 따름입니다.

형편없는 농담에 논리적으로 반박하는 것이 쓸데없는 일처럼 보일 수 있지만, 이런 농담들은 사람들의 마음에 영향을 미칩니다. 나는 사람들이 그런 농담에 대단한 의미라도 있는 것처럼 잘난 체하며 인용하는 것을 봤습니다. 어쨌든 무엇보다도 논의의 출발점 역할은 할 수 있겠지요. 그렇다면 남성 왕 아래에서 여성이 나라를 다스린 것은 진실이 아니라는 말부터 해야겠습니다. 그런 경우는 지극히 예외적입니다. 우둔한 왕이 나라를 엉망으로 다스리게 되는 경우는 총애하는 여성들의 영향만큼이나 남성 신하들의 영향도 있습니다. 예외가 있다고는 하지만, 왕이 그저 호색에 빠져 여성에게 좌지우지되는 경우에 제대로 된 통치를 할 수 없을 겁니다. 하지만 프랑스 역사에서는 두 명의 왕이 한 명은 어머니에게, 다른 한 명은 누이에게 자발적으로 오랜 기간 통치 권한을 넘겨줬습니다. 그중 한 명인 샤를 8세[35]는 소년이어서 당대의 가장 유능한 군주였던 아버지 루이 11세의 의향에 따라 그렇게 했습니다. 다른 한 사람인 생 루이[36]는 샤를마뉴[37] 황제 이후 최고의 군주이자 가장 정력적인 통치자 가운데 한 명입니다. 섭정을 한 두 여성은 동시대의

---

[35] Charles VIII 1470~1498. 프랑스 발루아 왕조의 왕. 13세에 왕위에 올랐으나 통치 능력이 없어서 그의 누나인 안 드 보주Anne de Beaujeu가 섭정을 했다(통치기간 1483~1491). 안 드 보주는15세기 유럽에서 가장 영향력 있는 여성 중 한 명이었다.

[36] Saint Louis 1214~1270. 프랑스 카페왕조의 왕 루이 9세. 11세에 왕위에 올라 어머니 블랑슈 드 카스티유Blanche de Castille가 8년 동안 1차 섭정을 했으며, 루이 9세가 7차 십자군 출병을 하자 다시 4년간 섭정을 맡았다.

[37] Charlemagne 747~ 814. 카롤링거 왕조의 제2대 프랑크 국왕. 대부분의 서유럽을 정복하여 정치적, 종교적으로 통일시켰으며 이탈리아를 정복하고, 서기 800년 서로마제국 황제의 대관식을 치렀다. 신성로마제국의 시조로 기록된다. 라틴어로는 카롤루스 마그누스, 독일어로는 카를 대제라 부른다.

어떤 왕실 남성도 필적할 수 없을 정도로 훌륭한 통치를 했습니다. 통치 기간 내내 가장 현명한 군주로 군림한 황제 카를 5세[38]는 이제껏 어떤 군주보다 유능한 신하를 가장 많이 두었으며, 사적인 감정 때문에 이익을 놓치는 것과는 가장 거리가 군주 중 한 명이었습니다. 그는 가족 중 두 명의 왕녀를 연이어 네덜란드 총독으로 임명하고 재임 기간 내내 둘 중 한 명은 자리를 지키도록 했습니다(이후에는 세 번째 왕녀가 계승했습니다). 두 사람 모두 통치를 잘했으며, 그중 마르가레테[39]는 당대의 가장 유능한 정치인 중 한 명이었습니다. 이 문제는 이 정도에서 마무리하고 다음 논점으로 넘어가 보지요.

여왕 아래에서 남성이 다스린다는 말은 남성 왕 아래

---

[38] Charles V 1500~1558. 신성로마제국의 황제이자, 에스파냐의 왕이며 부르고뉴 공국의 통치자이자 이탈리아의 왕. 그가 상속한 왕관만 17개였다고 한다.

[39] Margaret of Austria 1480~1530. 신성로마제국의 황제 막시밀리안 1세의 딸이자, 카를 5세의 숙모. 합스부르크 네덜란드의 통치자를 역임했다(1507~1530).

서 여성이 다스린다는 말과 같은 의미라고 이해하면 되는 걸까요? 여왕이 개인적으로 좋아하는 사람들 중 측근을 일종의 통치 대행으로 선택한다는 의미일까요? 후자 같은 경우는 예카테리나 2세[40]처럼 부도덕한 군주에게도 드문 일입니다. 그리고 남성들의 영향력에서 비롯된다고 하는 좋은 정부 사례에서도 볼 수 있는 일이 아닙니다. 보통의 왕보다는 여왕의 통치 아래에서 더 뛰어난 남성들이 행정을 맡는 것이 사실이라면, 여왕은 그런 신하를 선출하는 능력이 더 뛰어나고, 여성은 남성보다 통치자와 수상의 지위 모두를 잘 수행하는 것이 틀림없는 셈입니다. 왜냐하면 수상의 가장 중요한 일은 자신이 직접 국정을 다스리는 것이 아니라 국정의 각 부분을 담당하기에 가장 적합한 인물을 찾는 일이기 때문입니다. 여성이 남성보다 더 뛰어나다고 인정되는 점 가운데 하

---

[40] Catherine II 1729~1796. 러시아의 군주. 표토르 3세의 황후였으나 무능한 남편을 대신해 섭정을 맡다가 표토르 3세를 유폐시키고 자신이 직접 황제가 되었다. 남성편력이 심했고 많은 남자를 '후궁'으로 뒀다. 그러나 계몽군주를 표방하면서 러시아 제국의 국력을 신장시켰다는 평가를 받는다.

나가 성격을 신속하게 파악하는 능력이며, 다른 면에서 자격 조건이 비슷하다면 여성은 이 능력 덕분에 남성보다 적임자를 선택하는 데 더 뛰어난 소질을 가질 수밖에 없습니다. 이는 사람을 다스리는 일과 관련이 있는 모든 사람에게 거의 가장 중요한 문제입니다. 부도덕한 카테리나 데 메디치[41]조차 로피탈 대법관[42]의 인물됨을 알아볼 수 있었습니다. 하지만 대부분의 훌륭한 여왕들은 본인이 가진 통치 능력 때문에 위대한 평가를 받았고, 바

---

[41] Catherine de' Medici 1519~1589. 피렌체의 메디치 가문 출신의 프랑스 왕국의 왕비. 프랑스 국왕 프랑수아 1세의 차남과 결혼한 후 남편이 앙리 2세로 왕위에 오르자 왕비가 되었다. 남편 앙리 2세의 사망 이후 섭정을 하며 프랑스 왕권 확립에 애썼으나, 정적을 암살하고 수많은 위그노를 죽인 성 바르톨로메오 축일의 학살 사건을 촉발했다는 이유로 이탈리아 출신의 사악한 악녀라는 혐의를 받았다.

[42] Michel de l'Hôpital 1507~1573. 프랑스의 사법가이자 정치가. 신구 양교의 대립이 심했던 시대에 신앙의 자유와 공존을 위해 노력했으며 사법행정의 남용을 방지하고 반개신교 행위를 막기 위해 노력했다.

로 그런 이유 때문에 좋은 신하들의 보필을 받았습니다. 그들은 최고의 통치 권한을 갖고 있었지만, 만약 훌륭한 신하들의 조언에 귀를 기울였다면 그것이야말로 중대한 국정 문제를 처리하기에 적합한 판단력을 가졌다는 가장 확실한 증거를 보여준 셈입니다.

정치적으로 아주 중요한 일을 잘할 수 있는 사람이 그보다 덜 중요한 역할은 못하리라고 생각하는 것이 이치에 맞을까요? 왕의 아내나 누이가 언제든 부름을 받으면 왕 자신만큼 통치를 잘하는 것이 드러나는 데 비해 정치가나 행정가, 회사의 중역이나 공공기관 관리자의 아내나 누이는 자신의 남편이나 남자 형제가 하는 일을 할 수 없다는 것은 정황상 어떤 이유가 있는 것입니까? 진짜 이유는 너무 분명합니다. 왕실의 여인들은 여성이라는 이유로 같은 계급의 남성들보다 낮은 수준으로 양육되는 것이 아니라 더 높은 수준으로 양육되었고, 정치에 관심을 갖는 것이 적절치 않다는 교육을 받지 않았습니다. 오히려 주변에서 벌어지는 일이며 언젠가 자신의 몫을 하도록 부름을 받을 수도 있는 중대한 일들에 대해 교양이 있는 인간이면 누구나 그렇듯이 자연스럽게 자유로운 관심을 갖는 것이 허용되었습니다. 왕실의 여인들은 남성들과 똑같은 수준의 관심과 발전의 자유를 누리는 것이 용인된 유일한 여성들이었습니다. 바로 이들이 여성이 남성에 비해 열등하지 않다는 것을 보여주는 사례입니다. 그 통치 역량을 따져볼수록 여성이 통치에 적합하다는 사실이 정확히 드러나고 있습니다.

이런 사실은 여성의 — 지금까지 그래왔듯이 — 독특한 성향과 적성에 관해 세상 사람들의 충분치 않은 경험으로는 아직 제시하지 못한 가장 일반적인 결론에 따른 것입니다. 나는 여성들이 앞으로도 그런 처지일 것이라고 말하려는 게 아닙니다. 이미 여러 번 언급했듯이, 나는 누군가 본성을 기준으로 여성의 본 모습이나 그 능력을 판단할 수 있다고 주장하는 것은 주제넘은 일이라고 생각하기 때문입니다. 자연스러운 발전이라는 측면에서 여성은 이제까지 항상 자연스럽지 않은 상황에 매여 있었기 때문에 그 본성이 대단히 왜곡되거나 감춰질 수밖에 없었습니다. 만약 여성도 남성만큼 자유롭게 본성을 발휘할 수 있도록 내버려 뒀거나, 인간 사회의 조건에 의해 어쩔 수 없는 경우만 제외하고 어떤 인위적인 제약도 가해지지 않는다면, 남녀 모두 마찬가지로 가지고 있는 성격이나 능력 면에서 어떤 실질적인 차이, 아니 조금의 차이라도 있을 것이라고 마음껏 단언할 수 있는 사람은 아무도 없을 것입니다. 나는 현재 논쟁의 여지가 가장 적은 남녀 간의 차이는 타고난 능력의 차이가 아닌 단지 환경에 의해 충분히 생길 수 있는 차이임을 곧 입증할 생각입니다. 하지만 경험을 통해 알려진 바에 따라 여성을 판단한다면, 여성의 재능이 일반적으로 실천적인 성향을 띤다는 말은 이 문제에 대한 다른 대부분의 일반론보다 진실에 더 가깝다고 할 수 있습니다. 이 말은 과거와 현재 여성의 모든 공적 역사에 부합합니다. 또한 보통의 일상적인 경험에 의해서도 입증됩니다. 여성 특유의 정신 능력이 가진 특별한 속성을 생각해 보지요. 이 능력은 실제적인 일을 처리하는 데 적합해서 여성은 실천적인 경향을 띠게 됩니다. 여성의 직관적인 지각 능력이란 무엇일까요? 현재의 사실에 대해 신속하고 정확하게 파악하는 통찰력을 말합니다. 일반 원리와는 아무런 관련이 없습니다. 직관을 통해 과학적인 자연 법칙을 간파하거나 의무나 사리분별의 일반 원리를 도출한 사람은 아무도 없습니다. 이것은 경험을 차근차근 세심하게 수집하고 비교한 결과입니다. 그러므로 남성이든 여성이든 직관이 뛰어나다고 이 분야에서 쉽게 두각을 나타낼 수 없습니다. 필요한 경험을 스스로

쌓을 수 있는 경우가 아니라면 말이지요. 직관적 기민함이라 불리는 것이 일반 진실들을 수집하는 데 특별히 유용한 것은 개별적인 관찰로 수집하기 때문입니다. 따라서 여성이 남성처럼 다른 사람이 경험한 결과를 독서와 교육을 통해 충분히 얻을 수 있다면(나는 일부러 '얻을 수 있다면'이라는 말을 쓰고 있습니다. 인생의 더 중대한 일들을 처리하는 데 필요한 지식과 관련하여 교육을 받은 여성은 모두 독학으로 배웠기 때문입니다) 일을 능숙하고 성공적으로 실행하기 위한 기본적인 필수조건을 일반 남성들에 비해 더 잘 갖추고 있는 셈입니다. 교육을 많이 받은 남성들은 당면한 사실을 지각하는 데 있어 부족하기 쉽습니다. 그들은 처리할 것을 지시받은 사실에서 실체가 무엇인지 보지 못하고 배운 대로 예상만 합니다. 능력이 있는 여성은 결코 그러지 않습니다. '직관적' 능력이 그렇게 하는 것을 막아 주니까요. 경험과 전반적인 능력이 똑같다고 할 때, 일반적으로 여성은 남성에 비해 바로 자기 앞에서 벌어진 일에 대해 더 많이 파악합니다. 현재에 대한 이런 감수성은 이론과는 차이가 나는 실천적 능력의 바탕입니다. 일반 원리를 알아내는 것은 사변적 능력에 속하고, 그 일반 원리가 응용되거나 응용될 수 없는 구체적인 사례를 인지하고 식별하는 것은 실천적 능력에 해당됩니다. 이렇기 때문에 오늘날의 여성은 독특한 소질을 가지고 있는 것이지요. 원칙 없이 올바른 실행을 할 수 없으며, 여성의 능력 가운데 가장 두드러진 위치를 차지하는 기민한 관찰력은 비록 그 관찰 범위가 넓어지면 기꺼이 그런 일반화를 바로잡기도 합니다만, 나는 여성이 자신의 관찰을 바탕으로 너무 성급하게 일반화할 수 있음을 인정하는 바입니다. 하지만 이런 단점을 고치는 방법은 인류의 경험, 즉 종합적인 지식을 이용하는 것입니다. 다름 아닌 교육을 통해 가장 잘 전달할 수 있는 것입니다. 여성이 저지르는 실수는 특히 독학을 한 똑똑한 남성이 저지르는 실수와 같습니다. 그는 보통의 교육을 받는 남성들이 보지 못하는 것을 이해하지만, 오래도록 알려진 일에 대해서는 알지 못하는 오류에 빠지기도 합니다. 물론 그는 기존에 있던 지식의 대부분을 습득했거나 전혀 배우지 못했을 수 있습니다. 하지만 그가 알고 있는 것은 단편적이거나 마구잡이로 습득한 것이어서 여성의 경우와 다를 바 없습니다.

그러나 여성의 마음이 현재, 실제적인 것, 사실에 끌리면서도 그런 것들에만 한정해서 끌리는 까닭에 실수가 발생하기도 하지만, 이것은 그 반대의 실수를 막는 데 아주 유용하기도 합니다. 보통 사변적인 마음을 가진 사람들의 가장 중요하고 특징적인 차이점은 바로 객관적 사실에 대한 생생한 지각과 현재에 대한 감각이 부족하다는 점입니다. 이런 것이 부족한 탓에 그들은 외부 사실이 자신들의 이론과 상충되는 모순을 간과할 뿐만 아니라 사변의 합당한 목적을 완전히 망각해서 생물이거나 무생물이거나 심지어 이상화된 실질적인 대상이 존재하는 영역이 아니라 형이상학적 착각이나 단지 말의 뒤엉킴으로 인해 만들어진 의인화된 그림자만 존재하는 영역에 자신들의 사변 능력을 써버립니다. 그리고 이런 그림자야말로 최고이자 가장 초월적인 철학에 어울리는 대상이라고 생각합니다. 관찰을 통해 지식에 관한 자료를 모으지 않고 사유 과정을 통해 자료를 취합하여 포괄적인 과학적 사실과 행동 법칙을 찾기 위해 노력하는 남성 이론가나 사변가에게 자신보다 실제 탁월한 여성과 교류하고 지적받으면서 자신의 사유 과정을 이어가는 것은 대단히 가치 있는 일입니다. 그의 생각이 실제 대상의 한계와 자연 현상 안에 머물도록 하는 것에 견줄 만한 일은 없으니까요. 여성은 추상 과정이 끝난 뒤 무모하게 실행하는 일이 거의 없습니다. 여성의 마음은 습관적으로 사물을 집단적으로 다루기보다는 개별적으로 다루는 경향이 있고, (이와 밀접한 관련이 된 것이기도 하지만) 사람들의 현재 감정에 더 큰 관심을 보입니다. 그렇기 때문에 실제 적용될 수 있는 것이나 그로 인해 사람들이 영향을 받는 방식을 우선적으로 생각합니다. 이 두 가지 때문에 여성은 개인을 망각하고, 어떤 상상 속 실체, 즉 살아 있는 존재의 감정으로 분석할 수 없고 단지 머릿속 창조물에 불과한 것을 위해 존재하는 것처럼 사물을 대하는 어떤 사유도 전혀 믿지 않습니다. 따라서 남성의 생각이 여성의 생각에 폭과 크기를 부여하는 것만큼 여성의 생각도 남성의 생각에 현실성을 더해 준다는 점에서 유용합니다. 폭과 구분되는 깊이 면에서 나는 지금도 여성이 남성과 비교했을 때 과연 어떤 부족함이 있는지 의문입니다.

여성이 지금 보여주는 정신적 특징들이 그렇게 사유에 도움이 된다면, 사유가 끝났을 때는 그 사유의 결과를 실천에 옮기기 위해 훨씬 더 중요한 역할을 합니다. 왜냐하면 이미 이유를 밝혔듯이, 여성은 남성이 저지르는 흔한 실수, 즉 상황의 특수성으로 인해 규칙을 적용할 수 없거나 그에 맞춰 바꿔야 하는 경우에도 자신의 규칙을 고수하는 실수를 상대적으로 덜 저지르기 때문입니다. 이제 총명한 여성들에게 있다고 인정되는 또 다른 탁월한 능력, 바로 기민한 이해력을 생각해 보겠습니다. 이것이야말로 실천하는 사람에게 특히 어울리는 자질이 아닐까요? 행동은 만사 기민하게 결정하는 일에 달려 있습니다. 사변에서는 전혀 그렇지 않습니다. 생각만 하는 사람은 기다리면서 시간을 두고 생각하며 또 다른 증거를 모을 수 있습니다. 기회가 사라질까 봐 자신의 철학을 억지로 조급하게 마무리할 일이 없습니다. 충분치 않은 자료에서 가능한 최선의 결론을 도출하는 능력은 사실 철학에서는 아주 중요합니다. 모두 알고 있는 사실과 부합되는 잠정적 가설을 세우는 일은 흔히 추가 연구에 필요한 기초가 되기도 합니다. 하지만 이런 능력은 철학을 하기 위한 핵심 필수조건이라기보다는 유용한 조건입니다. 핵심 사변뿐 아니라 보조 사변을 위해서도 철학자는 언제든 여유를 가지고 집중할 수 있으니까요. 철학자에게는 자신이 하는 일을 신속하게 처리하는 능력이 필요하지 않습니다. 그보다는 불완전한 빛이 완전해지고, 추측이 무르익어 하나의 이론이 될 때까지 천천히 생각하는 인내심이 필요합니다. 그와 반대로 일시적이고 없어지기 쉬운 것, 즉 사실의 본질이 아닌 개별 사실을 다루는 사람에게는 신속한 사고가 사고력 그 다음으로 중요한 조건입니다. 우발적인 행위가 연이어 벌어지는 가운데 즉각적인 명령을 내릴 자질이 없는 사람에게는 그런 신속한 사고 또한 전혀 없을 것입니다. 비판하는 일은 적합할 수 있어도 행동하는 일에는 적합하지 않은 인물이지요. 바로 이 점에서 여성 그리고 여성과 아주 비슷한 남성이 뛰어나다는 것은 의심의 여지가 없습니다. 다른 유형의 남성은 아무리 능력이 탁월하다고 해도 그 능력을 완전히 발휘하기까지 시간이 걸립니다. 자신이 아주 잘 알고 있는 문제라고 해도 신속하게 판단하고 기민하게 신중한 행동에 나서는 것은 그것이 습관이 되도록 부단한 노력을 점진적으로 쏟은 결과입니다.

여성은 남성에 비해 신경이 훨씬 예민해서 변덕스럽고, 갈팡질팡하고, 순간적으로 너무 감정에 휩쓸리고, 끈질기게 버티지 못하고, 자신의 능력을 발휘해야 한다는 것을 감당하거나 확신하지 못하기 때문에 집안일이 아닌 다른 일을 하기에는 적합하지 않다는 말도 있을 것입니다. 이런 허튼 소리들이 흔히 여성은 더 중대한 일을 하는 고위 직급에 적합하지 않다는 주장의 상당 부분을 이룬다고 생각합니다. 이 모든 것은 대체로 그저 과도한 신경 에너지를 허비한다는 말이어서 그 에너지를 확실한 목표를 향해 사용한다면 없어질 현상입니다. 또한 의식적 혹은 무의식적 수양에 따라 달라질 수 있는 일이기도 합니다. 유행처럼 번졌던 '히스테리성 발작'이나 기절이 거의 완전히 사라진 것만 봐도 알 수 있습니다. 게다가 상류 계급의 여성 대부분이 그런 것처럼(물론 다른 나라에 비해 영국은 그런 현상이 덜하기는 하지만 말입니다), 사람이 온실 속의 화초처럼 식물 생장에 도움이 되는 바깥 공기나 온도 변화로부터 차단되고 순환기 계통과 근육 조직을 자극하고 발전시키는 어떤 활동이나 운동을 통해 훈련받지 않은 채 신경계, 특히 감정적인 부분만 인위적으로 활성화되어 양육된다면, 영양 결핍으로 죽지 않는 사람들은 내적으로나 외적으로 가벼운 원인만 있어도 신경계가 쉽게 교란되고, 지속적인 노력이 필요한 일을 — 정신적으로나 육체적으로 — 지탱할 체력이 없는 체질로 성장할 겁니다. 하지만 비좁고 유해한 공간에서 대부분의 시간을 앉은 채로 일해야 하는 상황에 처한 경우가 아니라면, 생계를 위해 일을 하게 된 여성에게 그런 병리학적 특징은 어느 것도 나타나지 않습니다. 어린 시절에는 남자형제들처럼 건전한 운동을 하며 신체적으로 자유롭게 지내고 어른이 되어서는 신선한 공기와 신체 활동을 충분히 누린 여성들은 활동적인 일을 하기에 적합하지 않을 만큼의 과도한 신경 예민 상태를 보이지는 않습니다. 사실 남녀 구분 없이 일정 비율의 사람들은 체질적으로 유달리 신경이 예민하고, 유독 성격이 전체적인 활력에 가장 큰 영향을 주는 신체적 특징을 갖기도 합니다. 다른 신체적 특징과 마찬가지로 이런 신경 체질은 유전적이고, 딸뿐만 아니라 아들에게도 이어집니다. 하지만 (흔히들 말하듯이) 신경이 예민한 체질이 남성보다 여성에게 훨씬 더 많이 유전될 거라고, 아마도 그럴 거라고 합니다. 우리는 그게 사실이라고 추정합니다. 그렇다면 하나 묻겠습니다.

신경이 예민한 체질의 남성들은 다른 남성들이 수행하는 임무나 일에는 적합하지 않은 겁니까? 만일 그렇지 않다면 왜 동일한 체질의 여성은 부적합한 것입니까?

당연히 그런 체질의 특이한 점은 어떤 한도 내에서 나타나서 어떤 직종을 수행하기에는 방해가 될 수 있지만 다른 직종에는 도움이 되기도 합니다. 그러나 어떤 직업이 이런 예민한 신경 체질에 적합하기도 하고 때로는 적합하지 않을 때도 있지만, 신경이 매우 예민할지라도 해당 직업을 잘 수행하고 있는 남성들이 아주 확실한 성공 사례들을 계속해서 보여주고 있습니다. 이런 남성들은 또 다른 신체적 기질을 가진 사람들에 비해 더 크게 흥분하는 경향이 있고, 흥분했을 때는 평상시 일반 남성들과는 아주 다른 능력을 보여준다는 점에서 실용적인 면모가 두드러집니다. 말하자면 자신의 능력 이상을 발휘하면서 평소에는 전혀 하지 못한 일들을 쉽게 합니다. 하지만 신체적으로 허약한 체질을 제외한다면, 이런 높은 단계의 흥분은 금방 사라져 버리고 아무런 영구적인 흔적을 남기지 않는 반짝 현상이 아니어서 어떤 목표를 지속적이고 꾸준히 추구하는 것이 불가능하지도 않습니다. 신경이 예민한 체질의 특징은 오랫동안 지속적인 노력을 통해 일정한 흥분 상태를 유지할 수 있습니다. 이것이 바로 정신이라는 것입니다. 혈통이 우수한 경주마가 쓰러져 죽을 때까지 속력을 늦추지 않고 달릴 수 있는 것도 그 때문입니다. 수많은 연약한 여성이 화형을 당하는 순간은 물론이고 그에 앞서 정신적으로나 육체적으로 오래도록 고문이 지속되는 상황에서 엄청난 평정을 유지할 수 있었던 것도 마찬가지입니다. 이런 기질을 가진 사람들이 특히나 리더십을 실행하는 영역의 일에 어울림은 명백한 사실입니다. 위대한 웅변가나 뛰어난 설교자, 도덕적 영향력의 전파자가 될 재목입니다. 체질적으로 판사나 내각의 정치가에게 요구되는 능력에는 그다지 어울리지 않게 보일 수 있습니다. 흥분을 잘하는 사람은 틀림없이 항상 흥분 상태에 있을 것이라고 결론을 내린다면 그럴 수도 있겠지요. 하지만 이것은 전적으로 훈련의 문제입니다. 강렬한 감정은 강력한 자제력의 도구이자 그 요소입니다. 하지만 먼저 그런 방향으로 단련되는 것이 필요합니다. 그렇게 단련이 되면 단지 충동적으로만 움직이는 영웅이 아니라 자제력도 지닌 영웅이 만들어집니다. 가장 열정적인 성격의 소유자들은 열정이 제 방향으로 발휘되도록 훈련을 받았을 때 의무감이 광적으로 투철해진다는 사실이 역사와 경험에서 입증됩니다. 감정적으로 어느 한쪽에 강하게 끌리는 사건에도 공정한 판결을 내리는 재판관은 그런 격렬한 감정에서 흔들리지 않는 정의감을 끌어내서 자신의 감정을 이겨낼 수 있습니다. 평상시 성격에서 벗어나 그런 고결한 열정을 발휘할 수 있는 능력은 평소 성격에서 비롯된 것입니다. 이렇게 예외적인 상황일 때 그가 갖는 열망이나 힘은 평소의 감정이나 행동과 비교하거나 평가하는 대상이 되며, 또한 평소의 목표라는 것은 인간의 육체적 특성 때문에 일시적일 수밖에 없지만, 고도로 흥분된 순간에 받아들이거나 형성된 성격을 띱니다.

개인의 경험뿐 아니라 여러 인종의 경험을 살펴보면, 쉽게 흥분하는 기질이 그렇지 않은 기질에 비해 평균적으로 사변이나 실천에 덜 적합하다고 볼 수 없습니다. 프랑스인과 이탈리아인은 튜턴족[43]에 비해 천성적으로 더 쉽게 흥분하고, 최소한 영국인보다 평상시 감정 변화가 훨씬 크다는 것은 의심할 여지가 없습니다. 그렇다고 그 두 나라 사람들이 과학 분야나 공공사업 분야 또는 법률적 역량이나 재판 역량, 전쟁 수행 능력에서 뒤쳐진 점이 있나요? 지금의 후손들도 그렇지만 고대 그리스인이 가장 다혈질적인 민족 가운데 하나였다는 증거는 많습니다. 인류가 이룩한 업적 가운데 그리스인이 뛰어나지 못했던 분야가 무엇인지 묻는 것은 쓸데없는 일입니다. 마찬가지로 남방계 민족인 로마인들은 아마도 처음에

---

[43] Tuetones. 로마인들에 의해 언급된 고대 북유럽 종족. 기원전 로마공화정과 전쟁을 벌였으며 율리우스 시저는 그들을 일컬어 게르만족으로 칭했다.

는 같은 기질이었겠지만, 스파르타의 경우처럼 엄격한 국가 기강 때문에 정반대의 민족성을 나타내는 사례가 되었습니다. 본래 기질에 따라 로마인의 자연스러운 감정은 인공적인 아름다움을 구현하는 분야에서 특히 두각을 보였습니다. 이런 사례들이 선천적으로 다혈질인 민족의 실체를 제대로 보여준다면, 아일랜드의 켈트족[44]은 그들끼리만 지내도록 남겨졌을 때(오랫동안 무능한 통치의 영향을 직접 받지 않되, 대신 가톨릭 계급의 가르침과 가톨릭 종교에 대한 굳건한 믿음을 직접적으로

---

[44] Celts. 고대 유럽과 소아시아 지역에서 광범위하게 분포하면서 켈트어를 쓰던 인도유럽인. 역사적으로 켈트족은 지금의 프랑스 지역에 살았던 골족(Gauls: 갈리아인), 이베리아 반도 서쪽의 갈라시아족(Gallaeci), 소아시아 지역의 갈라티아족(Galatians), 스위스와 북부 이탈리아 지역의 레폰티족(Lepontii), 고대 브리튼섬에 살던 브리튼족(Britons), 그리고 아일랜드와 스코틀랜드 지역에 살던 게일인(Gaels) 등이 있다. 아일랜드 켈트족은 다른 지역의 켈트족과 달리 로마 제국의 침략을 받지 않았다. 5세기경부터 로마 가톨릭이 전파되어 지금까지 가톨릭 기독교의 전통이 이어지고 있다.

훈련받아 온 사람들의 경우를 말한다면 말이지요) 어떤 모습이 되는지 보여주는 가장 적절한 사례 중 하나입니다. 아일랜드인의 기질은 적합하지 않은 사례로 생각됩니다만, 어떤 개인에게 원만한 상황이 조성될 경우 대단히 다재다능한 면모를 발휘할 역량이 있다는 점을 보여주는 것이 아닐까요? 프랑스인과 영국인, 아일랜드인과 스위스인, 그리스인이나 로마인과 게르만족을 비교했을 때와 마찬가지로, 여성과 남성을 비교했을 때 특출한 능력을 가진 별종 같은 여성은 일반적으로 남성과 다를 바 없이 일처리를 한 것으로 드러납니다. 아울러 여성의 기질에서 흔히 나타나는 약점을 들추기보다는 고치는 데 적합한 방향으로 교육과 수양이 이뤄진다면 여성이 전체적으로 그런 일을 충분히 할 수 있을 것이라는 주장에 일말의 의구심도 느낄 수 없습니다.

그렇지만 만약 여성의 정신은 선천적으로 남성보다 흔들리기 쉽고 부단한 노력을 오래도록 쏟는 일에 서툴며 어느 한 분야를 최고의 지점까지 묵묵히 파고드는 것보다는 여러 가지 일에 능력을 골고루 쏟는 편이 더 적합하다는 것이 사실이라고 한다면, 그것이 지금의 여성에게 해당되는 사실일 수 있고(물론 예외적인 훌륭한 경우가 수없이 많기는 하지만), 온 정신을 한 종류의 생각이나 직업에만 쏟는 것이 대단히 필수적으로 보이는 분야에서 최고의 경지에 오른 남성들에게 계속 뒤처져 있는 이유가 될 수도 있겠지요. 그렇다고 해도 이런 차이는 탁월함 자체가 아닌 탁월함의 종류나 그 실용적 가치에만 영향을 미칩니다. 비록 사변적인 목적이라고 해도, 정신의 한 영역이 유일하게 활성화되고 사고력 전체를 단 한 가지 주제에 쏟아붓고 한 가지 일에 집중하는 것이 인간의 능력을 발전시키기 위한 정상적이고 건전한 조건인지는 여전히 두고 볼 일입니다. 나는 이처럼 어느 한 분야에 대한 집중력을 특별히 키우는 대가로 삶의 다른 목적을 성취하려는 정신 능력을 잃는다고 생각합니다. 심지어 추상적 사고 과정에 있어서도 방해받지 않고 어려운 한 가지 문제에 몰두하기보다는 수시로 그 문제를 다시 생각해 보는 편이 더 효과적이라는 것이 저의 확고한 생각입니다. 어쨌든 실천적인 논점에서 볼 때, 최고 수준의 일이든 최하 수준의 일이든 두 가지 일 사이에서 우왕좌왕하지 않고 한 문제에서 다른 문제로 기민하게 넘어갈 수 있는 능력은 훨씬 가치 있는 힘입니다. 이런 힘이야말로 여성들에게 압도적인 미덕입니다. 하지만 정신적으로 쉽게 흔들린다는 이유로 비난

받고 있는 점이기도 합니다. 여성은 그런 능력을 타고날 수도 있지만, 훈련이나 교육을 통해서도 갖출 수 있음이 분명합니다. 왜냐하면 여성이 하는 일의 거의 대부분은 사소하지만 잡다한 것을 관리하는 일입니다. 일 하나하나에 1분도 정신을 쏟을 수 없이 다른 일로 넘어가야 하며, 더 오래 정신을 쏟으려면 다른 일에서 시간을 빼내야 합니다. 실제 거의 모든 남성이 변명을 내놓으며 시도조차 하지 않으려는 상황에서 여성 스스로 생각해서 대처하는 능력이 눈에 띄는 경우가 많습니다. 여성은 아무리 사소한 일에만 정신이 팔려 있다고 해도 아무런 생각도 하지 않은 채 지나는 일은 거의 없지만, 남성은 자신의 본분이라고 판단한 일을 할 때가 아니면 종종 아무런 생각도 하지 않습니다. 일상에서 여성의 본분은 전반적인 일을 관리하는 것이고, 세상이 돌아가는 것처럼 멈추는 일이 거의 없습니다.

그러나 남성이 여성보다 정신 능력이 더 우월하다는 해부학적 증거가 있습니다(아니, 있다고들 말합니다). 여성보다 남성의 뇌가 더 크다는 것입니다. 나는 우선 그 사실 자체가 의심스럽다고 답하겠습니다. 여성의 뇌가 더 작다는 것은 결코 입증된 사실이 아닙니다. 만약 여성의 체구가 일반적으로 남성보다 작다는 이유 때문에 그런 유추를 한 것이라면 이 기준은 이상한 결론에 이를 수 있습니다. 그 기준에 따르면 키가 크고 뼈대가 굵은 남성은 작은 남성에 비해 지적으로 훨씬 뛰어나야 하고, 하물며 코끼리나 고래는 인간보다 월등하게 머리가 좋아야 합니다. 해부학자들의 말에 따르면 인간의 뇌 크기는 신체 크기 혹은 심지어 머리 크기보다 그 차이가 크지 않고, 어느 하나로 다른 하나를 유추할 수 없습니다. 분명 일부 여성은 여느 남성만큼 큰 뇌를 가지고 있습니다. 내가 알기로 수많은 인간의 뇌 무게를 측정했던 사람에 따르면 가장 무거운 뇌의 소유자는 어떤 여성이었고, 이전 최고 기록 보유자인 퀴비에[45]의 뇌보다 훨씬 무거웠다고 합니다. 다음으로 뇌의 크기와 지적 능력 사이의 정확한 상관관계는 아직 제대로 알려진 바가 없지만 커다란 논쟁거리라는 점을 지적해야겠습니다. 뇌의 크기와 지적 능력이 매우 밀접한 관계가 있다는 것은 의심할 수 없겠지요. 뇌는 분명 사고와 감정을 담당하는 물

---

[45] Georges Cuvier 1769~1832. 프랑스의 동물학자. 화석을 이용하여 살아있는 동물과 비교하는 작업을 통해 고생물학을 개척했다.

리적인 기관입니다. 그리고 (뇌의 각각의 부분이 서로 다른 정신 능력을 맡고 있다는 것과 관련하여 아직 논쟁이 끝나지 않은 문제를 일반화하고 있지만) 만약 뇌의 크기는 그 기능과 전혀 상관이 없다거나 뇌가 더 크다고 힘이 더 커지는 것이 아니라고 한다면, 생명이나 유기체와 관련하여 우리가 알고 있는 모든 일반 법칙에 반하는 예외적 현상이라는 것을 인정할 수밖에 없습니다. 하지만 만약 뇌가 오직 그 크기에 따라 영향력을 발휘한다면 그 예외적 현상도 그만큼 대단할 것입니다. 자연계의 온갖 정교한 기능에서 생명체의 기능이 가장 정교하고 그중 신경계의 기능이 가장 정밀한데, 그 영향의 차이는 물리적 행위자의 양적 차이 못지않게 질적 차이에 달려 있습니다. 만약 어떤 도구의 질을 그 도구로 할 수 있는 일의 정밀함이나 정교함으로 판단한다면, 평균적으로 남성보다 여성의 뇌와 신경계가 훨씬 질적으로 뛰어나다는 점을 지적할 수밖에 없습니다. 증명하기 어려운 추상적인 질적 차이를 제외했을 때, 어떤 신체 기관의 효율성은 전적으로 그 크기가 아니라 활동성에 달려 있다고 알려져 있습니다. 가령, 혈액이 기관을 순환하도록 해주는 에너지, 즉 주로 혈액 순환에 의존하는 회복력과 자극을 대략 측정할 수 있습니다. 평균적으로 남성은 뇌의 크기에서 우위를 보이고 여성은 뇌 순환 활동에서 우위를 보인다고 해도 놀라운 일이 아닙니다. 이것은 남녀의 정신 작용에서 실제 확인된 차이점과 부합되는 가설입니다. 유추를 바탕으로 추측해 보면 유기체의 이런 차이점으로부터 예상해 볼 수 있는 결과에 이르게 되고, 그 결과는 우리가 아주 흔히 보는 것과 일부 일치합니다. 우선 남성의 정신 작용이 더 느리다고 예상할 수 있습니다. 여성보다 생각하는 것도 신속하지 않고 감정을 느끼는 것도 기민하지 않습니다. 체구가 크면 몸을 움직이는 데 시간이 더 걸리기 마련이지요. 반면에 제대로 움직이기 시작하면 남성의 두뇌는 더 많은 작업을 감당할 수 있습니다. 처음 시작한 작업을 더 집요하게 이어갈 수도 있습니다. 어느 한 활동 방식에서 다른 활동 방식으로 전환하는 일은 더 어려울 수 있지만, 작업 중인 일을 할 때는 힘이 부족하거나 피로감을 느끼지 않고 더 오래할 수 있습니다. 남성은 단 하나의 생각을 끈기 있게 오랫동안 곱씹어보는 일에 더 뛰어난 반면 여성은 신속하게 끝내야 하는 일을 가장 잘한다는 사실을 알아내지 않았던가요? 여성의 뇌는 빨리 지치고 쉽게 피로감을 느낍니다. 하지만 피로감의 속도를 고려하면 회복 속도가 빠를 것으로 예상해도 되겠지요. 다시 말하지만 이런 추정은 전적으로 가설에 지나지 않습니다. 하나의 질문거리를 제시하고 있을 뿐이지요. 앞서 나는 남녀 사이에 정신 능력의 차이가 있다는 주장은 말할 것도 없고 그 평균적인 힘이나 경향에서 선천적으로 차이가 있다는 견해도 아직 분명하게 알려진 것이 없다고 반박했습니다. 그리고 이것이 확실하게 판명날 것 같지도 않습니다. 성격 형성에 대한 심리학적 법칙이 일반적인 수준으로조차 연구되지 않았을 뿐더러 개별적인 사례에 대해 과학적인 방식으로 적용된 적도 없기 때문입니다. 더구나 성격 차이를 유발하는 확실한 외적 요인은 습관적으로 무시되고 있습니다. 관찰자도 간과하며 넘어가고, 자연사와 정신철학 분야의 주요 학파도 경멸의 낌새를 풍기며 경시하고 있습니다. 물질세계나 정신세계에서 인간을 구분하는 주된 이유를 찾고 있든 그렇지 않든, 이들은 성격의 차이를 인간이 사회 또는 삶과 맺는 서로 다른 관계에 따라 설명하는 것을 좋아하는 사람들을 비방한다는 점에서 일치합니다.

여성의 본성에 대해, 철학이나 분석에 근거한 것이 아니라 각자 겪은 첫 번째 사례를 바탕으로 한 경험적 일반화에 지나지 않는 터무니없는 수준의 관념이 형성되어 있습니다. 그런 대중적인 관념마저 그 나라의 여론이나 사회 상황에 의해 여성에게 전문적인 발전을 성취할 수 있는 분야를 제공하는지의 여부에 따라 나라별로 제각각입니다. 어떤 동양인은 여성이 선천적으로 매우 관능적인 존재라고 생각합니다. 이런 관점에 따라 힌두교의 문헌에서 여성에 대한 끔찍한 학대가 나타나는 것을 주목해 보세요. 그에 반해 영국인은 여성이 본래 냉정한 존재라고 생각합니다. 여성이 변덕스러운 존재라고 표현하는 격언은 대개 그 출처가 프랑스입니다. 프랑수아 1세[46]의 그 유명한 말이 여기저기 퍼진 데서 비롯되었습니다. 영국에서는 여성이 남성보다 훨씬 한결같고 성실하다는 것이 일반적인 생각입니다. 변덕스러운 것은 여성에게 부끄러운 점이라는 생각이 프랑스보다 영국에서 오래 이어졌습니다. 게다가 영국 여성들은 기본적으로 평판에 훨씬 더 좌우되는 성향을 보입니다. 그런데 영국 남성들이 오로지 영국에서의 경험을 바탕으로 여

---

[46] Francois I 1494~1547. 프랑스의 국왕. 신성로마제국의 카를 5세(주석 38을 보라)와 동시대 인물. 이탈리아 르네상스의 영화를 프랑스로 수입하기 위해 노력했다. 그의 사후 통치에 관해서는 주석 41을 보라.

성뿐만 아니라 남성 또는 모든 인간에게 자연스러운 성향이 무엇인지 판단하기에는 매우 불리한 상황이라는 말이 나올 수 있습니다. 영국은 인간 본성의 특징을 보여줄 만한 것이 없는 나라이기 때문입니다. 좋은 의미이기도 하지만 나쁜 의미에서도, 영국인은 다른 어떤 현대인들보다 자연 상태에서 멀리 떨어져 있습니다. 영국인은 다른 어떤 국민보다 소위 문명과 규율의 산물입니다. 영국은 사회적 규율이 갈등을 유발할 만한 요인을 근절하지는 못해도 억누르는 일을 대단히 잘하는 나라입니다. 영국인은 어느 국민보다도 규칙에 따라 행동할 뿐만 아니라 감정도 느낍니다. 다른 나라에서는 학습된 여론이나 사회적 요구 사항이 더 강력한 힘을 발휘하지만, 그 속에도 언제나 개인적 성향의 영향이 드러나고 종종 사회적 요구 사항에 저항하는 모습을 보이기도 합니다. 즉 규칙이 본성보다 훨씬 더 강력할 수 있지만 다른 나라에서는 본성이 아직 그대로 있습니다. 반면 영국에서는 규칙이 본성을 거의 대부분 대체했다고 할 수 있습니다. 삶의 상당 부분은 규칙의 통제를 따르려는 성향이 아니라 규칙을 따르는 것 말고 다른 성향이 없이 이어집니다. 여기에는 대단히 나쁜 측면도 있지만 좋은 측면이 있음을 부인할 수는 없습니다. 하지만 영국인이 자신만의 경험에 비춰 인간 본성의 기본적인 성향을 판단하기에는 유달리 역부족일 수밖에 없습니다. 그러나 다른 나라 사람들이 인간 본성에 대해 관찰하면서 저지르기 쉬운 실수는 성질이 다릅니다. 영국인은 인간 본성에 대해 무지하다면 프랑스인은 편견을 갖고 있다고 볼 수 있습니다. 영국인의 착오가 소극적이라면 프랑스인의 착오는 적극적이라고 할 수 있습니다. 영국인은 자신이 어떤 것을 본 적이 없기 때문에 그것이 존재하지 않는다고 생각합니다. 반면 프랑스인은 자신이 보고 있기 때문에 그것이 항상 반드시 존재한다고 생각하지요. 영국인은 본성을 관찰할 기회가 없었기 때문에 그것을 알지 못하지만, 프랑스는 대체로 본성을 아주 잘 알고 있지만 불순하고 왜곡된 상태로만 보기 때문에 종종 실수를 저지릅니다. 그 이유는 사회가 덧붙인 인위적인 상태가 관찰 대상의 자연적인 경향을 두 가지 방식, 즉 소멸시키거나 변형시키는 방식으로 감춰버리기 때문입니다. 전자의 경우에는 본성의 미약한 잔재가 남아서 연구의 대상이 되지만, 후자의 경우에는 본성이 많이 남아 있을지라도 그것이 한 방향으로 자연스럽게 발달하기보다는 여러 방향으로 뻗어나갔을 터입니다.

나는 남녀 사이에 존재하는 정신적 차이에서 어느 정도가 자연적인 것인지 또는 인위적인 것인지, 과연 어떤 선천적인 차이가 있는 것인지, 모든 인위적인 차이를 배제했을 때 어떤 자연적인 특징이 드러날 것인지 지금은 알 수 없다고 거듭 말했습니다. 그렇다고 불가능하다는 말을 하려는 것이 아닙니다. 의심이 든다고 추측까지 못하는 것은 아니고, 확실성은 떨어진다고 해도 어느 정도의 개연성을 확보할 방법은 아직 있을 테니까요. 먼저 실제 관찰되는 차이점의 근원은 아주 쉽게 추측할 수 있습니다. 나는 도달할 수 있는 유일한 방법, 즉 외부 영향에 의해 나타나는 정신적 결과를 추적하는 식으로 접근하려고 합니다. 우리는 인간이 선천적으로 어떤 존재인지 실험을 통해 알아내기 위해 누군가를 그 환경으로부터 분리시킬 수 없습니다. 하지만 그 사람이 지금 어떤 상태인지, 지금까지 환경은 어땠는지, 과연 어느 한쪽이 다른 한쪽의 원인이 될 수 있었는지 생각해 볼 수는 있겠지요.

그렇다면 단지 남녀 사이의 신체적 힘의 차이를 제외한다면 여성이 남성보다 열등하다는 것이 분명하게 확인되는 유일한 경우에 대해 생각해 보겠습니다. 철학이나 과학 또는 예술 분야에서 여성이 남긴 일류급 작품이 없다는 것입니다. 이런 분야에서 여성이 원래 능력이 부족하다고 추측하는 것 말고 달리 설명할 방법이 있을까요? 우선 우리는 경험이 귀납적 결론을 유도하는 충분한 근거가 될 수 있는지 당연한 질문을 제기해야 합니다. 극히 이례적인 경우를 제외하면 여성이 철학이나 과학 또는 예술 분야에서 그 능력을 발휘하기 시작한 것은 3세대도 채 되지 않았습니다. 지금 세대에 이르러서야 여성들의 시도가 셀 수 없이 이뤄지고 있습니다. 더구나 그런 시도는 영국과 프랑스를 제외하면 세계 어느 곳에서도 아직은 지극히 극소수인 형편입니다.

그렇다면 단지 우연한 기회만을 계산했을 때, 이 기간 동안 사변적 활동이나 창조적 예술 분야에 전념할 정도의 취향을 가졌거나 그럴 만한 개인적 위치에 있는 여성들 가운데 최고의 반열에 오를 필수조건을 갖춘 인물이 과연 나타날 것이라고 기대할 수 있는지 묻는 게 타당합니다.

이제껏 여성이 충분한 시간을 가지고 도전했던 모든 일, 특히나 오랫동안 전념했던 문학(산문과 시 모두 말이지요)처럼 탁월함 면에서 가장 최고 수준에 이른 분야를 제외한 모든 일에서도 들인 시간이나 함께 경쟁한 남성의 수에 비해 많은 여성이 아주 수준 높은 성과를 거뒀습니다. 극히 소수의 여성만 그런 시도할 수 있었던 이전 시대를 돌이켜 보면 그중에도 눈에 띄는 성공을 거둔 여성들이 있었습니다. 그리스인들은 항상 가장 위대한 그리스 시인들 안에 사포[47]를 포함시켰습니다. 핀다로스[48]의 스승이었다고 알려진 미르티스[49]와 핀다로스와의

---

[47] Sappho 610~570 BC. 고대 그리스의 서정시인. 기록된 시인 중에서 최초의 여성 시인. 그녀의 생애에 대해서는 알려진 게 많지 않으며 방대한 작품 중에서 2편의 장편 외에 나머지 장편들은 모두 소실되었고 그밖의 여러 단편들이 후대에 전승됐다.

[48] Pindar (Pindaros) 518~438 BC. 고대 그리스의 서정시인. 테베스 명문가 출신으로 테베스의 핀다로스로 불린다.

[49] Myrtis. 기원전 6세기에 활약한 고대 그리스의 여성 시인. 정확한 생몰년은 알려져 있지 않으나 테베스의 핀다로스에게 시를 가르쳤다는 설이 있다. 안테돈의 마르티스라 불린다.

공개 경연에서 다섯 번이나 이겼다고 하는 코린나[50]는 적어도 그 위대한 이름과 비교될 수 있을 충분한 업적을 남겼다고 할 수 있습니다. 아스파시아[51]는 철학과 관련한 어떤 글도 남기지 않았지만, 소크라테스가 그녀에게 가르침을 구했으며 가르침을 얻었다고 인정했다는 것은 공인된 사실입니다.

현대 시대에서 문학이나 예술 분야에서 활동한 여성의 작품을 살펴보고 남성의 작품과 비교한다면 여성이 열등하다고 할 수 있는 점은 본질적으로 단 하나이지만 매

---

[50] Corinna. 생몰년 불명의 고대 그리스의 서정시인. 고대의 자료는 그녀를 핀다로스와 동시대 시인으로 묘사하지만 기원전 5세기초에서 3세기 후반의 인물이라는 견해도 있다. 사포를 제외하고 가장 많은 시가 전승된 고대의 여성 시인이며, 그녀가 쓴 시 중에서 40개의 단편이 현대까지 전해진다.

[51] Aspasia 470~400 BC. 고대 그리스의 여성 철학자. 그리스 아테네의 정치가이자 지도자인 페리클레스와의 사이에서 아들을 뒀다. 그녀의 실제 삶에 대해서는 논쟁이 많지만, 소크라테스도 아스파시아의 가르침을 경청했다는 것은 사실로 여겨진다.

우 중요한 점, 즉 독창성의 부족으로 귀결됩니다. 여성에게 독창성이 전혀 없다는 것은 아닙니다. 왜냐하면 본질적으로 어떤 가치가 있는 모든 정신적 창작물에는 나름의 독창성이 있기 때문입니다. 즉 그 창작물은 다른 것의 모방이 아니라 창작자의 정신이 반영된 개념이기 때문입니다. 누군가에게 빌려온 것이 아니라 사상가 자신의 관찰이나 지적 활동에서 얻어진 독창적인 생각은 여성이 쓴 글에 가득합니다. 하지만 여성은 아직 사조의 한 시대를 여는 위대하고 명확한 새로운 발상이나 또는 예전에는 생각지도 못했던 가능성의 길을 열고 새로운 학파를 만드는 현대적인 예술 개념을 창조하지는 못하고 있습니다. 여성의 작품은 대체로 기존에 축적된 사고에 기반하고 있고, 그 창작품은 기존의 형태에서 크게 벗어나지 못하고 있습니다. 여성의 작품에서 이런 종류의 부족함이 두드러지게 나타납니다. 수행력이나 생각을 세심하게 적용하는 면이나 완벽한 형식을 갖추는 면에서는 전혀 부족함이 없습니다.

우리 시대에서 구성이나 세부 묘사를 다루는 면에서 최고라고 하는 소설가들은 대부분 여성입니다. 현대 문학을 통틀어서 스탈 부인[52]의 문체만큼 풍부한 감정을 전달하는 작품이나, 순수하게 예술적 탁월함의 측면에서 마치 하이든이나 모차르트의 교향곡처럼 우리의 신경계를 자극하는 상드 부인[53]의 산문보다 뛰어난 작품은 없을 겁니다. 이미 말했지만, 개념의 독창성은 정말 부족합니다. 그렇다면 여성에게 이렇게 독창성 부족이 나타나는 이유를 살펴봐야겠습니다.

인류가 처음 등장하고 문명이 발전하는 동안 위대하고 유익한 새로운 진리에는 앞서 이루어진 연구나 축적된 지식의 도움을 받지 않은 채 오직 천부적 재능의 힘으로만 도달할 수 있었다는 사실을 기억합시다. 이 기간 동안 여성은 사변적 활동에 전혀 관심을 두지 않았습니다.

---

[52] Germaine de Staël 1766~1817. 귀족 출신의 소설가로 프랑스 낭만주의의 선구자이다.

[53] George Sand 1804~1876. 프랑스 낭만주의 소설가. 수많은 사람과 우정을 나눴다. 특히 26권에 이르는 그녀의 편지는 서간문학의 최고봉으로 꼽힌다.

허파티아[54]의 시대부터 종교개혁의 시대까지 그와 비슷한 업적을 낼 수 있었던 여성으로는 그 유명한 엘로이즈[55]가 거의 유일합니다. 하지만 우리는 그토록 탁월한 엘로이즈의 사변 능력이 그녀 자신의 불행한 삶으로 인해 인류에게 얼마나 제대로 평가 받지 못했는지 알지 못합니다. 상당수의 여성이 사변적 사고를 하기 시작했지만 독창성이 결코 쉽게 발휘될 수 있는 조건이 아니었습니다. 이후 독창성의 힘에만 의존해서 도달할 수 있는 거의 모든 사상이 등장했습니다. 그리고 면밀하게 훈련을 하고 앞선 사상에서 도출된 결과를 환히 알고 있는 사람이 아니라면 이제는 독창성이라고 할 만한 능력을 좀처

---

[54] Hypatia 360~415. 고대 동로마제국의 이집트 알렉산드리아에서 활동한 신플라톤주의 여성 철학자이자 천문학자. 기록된 인물 중에서 인류 최초의 수학자이기도 한 그녀는 그 시절 가장 저명한 현자였다.

[55] Héloïse 1100~1163. 가톨릭교회의 고위직 수녀원장이자 여성 철학자. 당대의 저명한 교부 철학자 피에르 아벨라르와 평생 나눈 사랑, 그리고 그 사랑을 표현한 서신이 유명하다. 그녀가 남긴 글은 프랑스와 유럽 문학의 기초가 되었다.

럼 발휘할 수 없게 되었습니다. 모리스[56]가 말했듯이, 현시대에서 가장 독창적인 사상가는 앞선 사상가들의 생각을 가장 속속들이 알고 있는 사람입니다. 나는 앞으로도 계속 그럴 거라고 생각합니다. 건축물에 새로이 들어가는 모든 돌은 앞서 쌓아놓은 다른 수많은 돌 위에 놓아야 합니다. 누구든 현재 진행되는 일에서 한몫을 차지하고 싶다면 자재를 짊어지고 일이 진행되는 곳까지 올라가는 지루한 과정을 겪어야 합니다. 분야를 막론하고 그런 과정을 거친 여성들이 얼마나 될까요? 아마도 서머빌[57] 여사는 대단한 수학적 진리를 발견할 수 있을 만큼 수학에 대해 많이 알고 있는 유일한 여성일 겁니다.

---

[56] Frederick Denison Maurice 1805~1872. 영국 성공회 신학자이자 기독교 사회주의 창시자 중 한 명.

[57] Mary Somerville 1780~1872. 스코틀랜드의 과학자. 왕립 천문학 학회의 첫 여성 명예 회원이며, 매우 영향력 있는 과학 저술서를 집필했다. 존 스튜어트 밀이 여성 투표권 부여를 위한 청원운동을 벌일 때 그는 '과학의 여왕' 메리 서머빌의 서명을 가장 먼저 표시되도록 했다고 한다. 옥스퍼드 대학교의 '서머빌 대학'은 그녀의 이름을 따서 명명됐다.

그런 서머빌 여사도 생전에 수학이라는 학문의 눈에 띠는 발전과 관련하여 이름이 거론된 두세 명에 포함되지 못했다고 해서 여성이 열등하다는 증거가 될 수 있습니까? 경제학이 하나의 학문으로 자리를 잡은 이후 두 명의 여성이 경제학이란 주제에 관해 유용한 글을 쓸 수 있을 정도로 지식을 갖췄습니다. 같은 기간 동안 경제학에 관한 글을 쓴 그 수많은 남성 가운데 두 명의 여성보다 더 많은 진리를 밝혀낸 사람은 얼마나 됩니까? 지금까지 위대한 여성 역사학자가 없었다고 하지만, 과연 어떤 여성이 역사 연구에 필요한 학식을 갖출 수 있었을까요? 뛰어난 여성 문헌학자가 없다고 하지만, 과연 어떤 여성이 산스크리트어와 슬라브어, 울필라스[58]가 창안한 고트어와 아베스타[59]의 페르시아어를 배울 수 있었을까요? 현실적인 문제에서도 우리는 교육을 받지 않은 천재가 보여주는 독창성의 가치에 대해 잘 알고 있습니다.

---

[58] Ulfilas 311~383. 아리우스주의 주교. 성서를 고트족에게 전하기 위해 그리스 알파벳을 이용해 고트어를 창안한 후, 성서를 고트어로 번역했다.

[59] Avesta. 조로아스터교의 경전. 'Zend-avesta'로 불리기도 한다.

이는 수많은 후대 발명가가 만들고 개선한 것을 바탕으로 다시 그 기본 형태를 만들어 낸다는 의미입니다. 오늘날 남성이 탁월한 독창성을 발휘하기 위해 필요한 준비 과정을 여성도 거칠 수 있다면 그때야말로 여성이 독창성이 있는지 없는지를 경험 근거로 판단하기에 적절한 시기일 것입니다.

어떤 주제에 대한 다른 사람들의 생각을 폭넓고 정확하게 공부하지는 않았지만, 타고난 총명함 덕분에 직관력이 좋은 사람을 생각해 보지요. 그는 자기 생각을 제안할 수는 있습니다. 하지만 입증하지는 못합니다. 그런데 그런 생각을 발전시키다가 중요한 지식을 더하는 경우가 자주 있습니다. 하지만 그런 경우에도 해당 분야의 지식을 가진 사람이 직접 나서서 검증하고 과학적 혹은 실천적 지식의 형태를 갖춰 주고, 기존 과학적 혹은 철학적 진리 가운데 제자리를 찾아주기 전까지는 정당한 평가를 받지 못합니다. 그런 멋들어진 생각이 여성에게 떠오르지 않으라는 법이 있을까요? 그런 생각은 지적 능력이 뛰어난 여성이라면 누구에게나 수백 번은 떠오릅니다. 하지만 대부분은 사라지고 말지요. 그 생각을 제대로 평가하고 세상에 발표할 수 있을 만한 지식을 가진 남편이나 친구가 없기 때문입니다. 세상에 발표를 한다고 해도 진짜 창작자인 여성의 생각이 아닌 남성의 생각인 것처럼 보이는 경우가 대부분입니다. 남성이 발표한 대단히 독창적인 생각들 가운데 실제는 여성의 발상이었지만 검증과 계산 과정에서 남성의 것으로 바뀌어 버린 경우가 얼마나 많을지 누가 알 수 있겠습니까? 내 경우로만 판단해도 정말로 상당히 많습니다.

이제 순수 사변에서 문학과 미술로 의미를 좁혀 살펴보면, 여성의 문학 작품이 그 일반적인 구상이나 주요 특징에서 남성 작품의 모방이라는 데는 분명한 이유가 있습니다. 비평가들이 지겹도록 지적했듯이 왜 로마 문학은 독창적이지 않고 고대 그리스 문학의 모방일까요? 단순히 말하면 그리스 문학이 먼저 나왔기 때문입니다. 만약 여성이 남성과는 다른 나라에 살고 남성의 작품을 하나도 읽어본 적이 없었다면, 여성 고유의 문학을 만들어 냈을 겁니다. 마찬가지로 여성이 독창적인 문학 작품을 창작하지 않는 이유는 이미 창작된 높은 수준의 문학 작품을 알았기 때문입니다. 만약 고대의 지식이 단절되는 일이 없었다면, 혹은 고딕식 성당들이 지어지기 전에 르네상스가 시작되었다면, 그런 건축물은 결코 지어지지 않았을 겁니다. 우리는 프랑스와 이탈리아에서 새로운 상황이 전개된 이후에도 고대 문학을 모방하느라 참신한 작품이 나오지 못하는 것을 봅니다. 글을 쓰는 여성은 모두 다 위대한 남성 작가의 문하생인 셈입니다. 라파엘로[60] 같은 화가조차 그 초기 작화는 스승의 작화와 기법에서 구분이 되지 않습니다. 심지어 모차르트도 초기 작품에서는 인상적인 독창성이 보이지 않습니다. 그런 천부적인 재능을 가진 사람들도 독창성을 발휘하는 데 몇 년이 걸린다면 일반 사람들은 몇십 년은 더 걸려야 하겠지요. 남녀의 타고난 성향 차이 때문에 여성 작가의 작품이 남성 작가의 작품과는 전체적인 특징이 다를 수밖에 없다면, 지금까지 경과한 것보다 훨씬 더 시간이 흘려야 여성 작가의 작품은 기존 양식의 영향에서 벗어나 그 고유한 특징을 보여줄 수 있을 겁니다. 하지만 내가 생각하는 것처럼, 여성에게 공통적으로 보이는 타고난 경향이나 남성과 구분되는 여성의 천재적 재능이 입증되지 않은 채 모든 여성 작가가 개별적인 성향

---

[60] Raffaello Sanzio da Urbino 1483~1520. 르네상스 시대 이탈리아를 대표하는 예술가 중 한 명.

을 가지고 있을지라도 관례나 선례의 영향으로 그 성향이 여전히 억눌려 있는 것이라면, 여성 작가가 그런 영향에 정면으로 맞서 각자의 개성을 충분히 발휘하기까지는 앞으로 몇 세대는 지나야 할 것입니다.

언뜻 보기에 여성의 독창성이 떨어지는 징후가 가장 확실하게 나타나는 것이 소위 말하는 순수 예술 분야입니다. 이 분야는 여성의 활동을 배제하지 않고 오히려 독려하는 분위기이며, 부유층에서 여성의 예술 교육은 중요한 부분을 차지하고 있기 때문입니다(아니 그렇다고 말할 수 있기 때문입니다). 이런 노력에도 불구하고 여성들은 대단히 탁월한 업적을 거둔 남성들에 비해 다른 어느 분야보다도 여전히 부족한 모습을 보입니다. 그렇지만 이런 부족함은 다른 어느 분야보다 순수 예술 분야에 더 보편적으로 해당되는 흔한 사실, 즉 아마추어를 압도하는 전문가의 우월한 실력 때문이라는 설명 말고는 다른 이유가 없습니다. 교육을 받은 계층의 여성들은 거의 대개 순수 예술 분야에 속하는 이런저런 것들을 배우지만, 생계를 유지하거나 사회적으로 저명해질 정도의 수준은 아닙니다. 여성 예술가는 모두 아마추어입니다. 예외가 있기는 하지만 일반적인 진실을 확인해 줄 뿐입니다. 여성이 음악 교육을 받기는 하지만, 작곡을 위해서가 아니라 연주를 위해서일 뿐입니다. 따라서 남성이 음악적으로 여성보다 우월한 것은 작곡가로서 뿐입니다. 순수 예술 분야에서 여성이 어느 정도 전문 직업인으로 종사한 유일한 분야는 연극입니다. 연극 분야에서 여성은 남성보다 월등하지는 않더라도 대등한 능력인 것은 분명합니다.

공정하게 비교를 하려면 같은 분야에서 여성의 작품과 전문가가 아닌 남성의 작품을 견줘 봐야 합니다. 예를 들면 음악 작곡 분야에서 여성 작곡가는 아마추어 남성 작곡가만큼 훌륭한 작품을 남겼습니다. 현재는 아주 소수의 여성들이 직업 화가의 길을 걷고 있고, 기대 이상의 엄청난 재능을 이미 보여주고 있습니다. 남성 화가들도 (러스킨[61] 씨에게는 죄송한 말입니다만) 지난 몇 세기 동안 아주 주목할 만한 두각을 나타내지 못했고 앞으로도 한동안 그럴 것입니다. 예전의 화가들이 현대 화

---

[61] John Ruskin 1819~1900. 빅토리아 시대 영국을 대표하는 미술평론가이자 작가.

가들보다 대단히 월등했던 이유는 남성들 가운데 재능이 탁월한 이들이 미술에 전념했기 때문입니다. 14-15세기 이탈리아 화가들은 동시대에서 가장 뛰어난 사람들이었습니다. 그들 중 가장 탁월했던 이들은 고대 그리스의 위인들처럼 박학다식하고 재능이 넘쳤습니다. 게다가 그 당시 미술은 남성이 생각하고 이해하기에 인간이 우월함을 발휘할 수 있는 숭고한 분야 중 하나였습니다. 오늘날 남성이 두각을 보일 수 있는 것이 정치나 군사 분야라면 당시 남성은 미술을 통해 군주의 측근이나 최고 귀족층의 일원이 되었습니다. 지금 이 시대에는 그와 비슷한 역량을 가진 남성이라면 자신의 명예나 사회의 이익을 위해 그림보다는 더 중요한 일을 찾을 것입니다. 간혹 레이놀즈[62]나 터너[63] 같은 사람(이들이 탁월한

---

[62] Joshua Reynolds 1723~1792. 영국의 화가. 18세기를 대표하는 유럽 화가 중 한 명이었으며, 영국의 왕립미술원을 설립자이자 초대 교장을 역임했다.

[63] Joseph Turner 1775~1851. 영국 왕립미술원 회원으로 대담하게 빛을 표현한 풍경화를 많이 그렸다. 러스킨의 격찬을 받고 명성도 높았으나 고독하게 은거하며 평생 그림을 그렸다.

사람들 가운데 어느 정도 위치에 있는지에 대해 내가 언급할만한 처지는 아니지만 말이지요) 정도만 미술에 몰두할 뿐입니다. 음악은 상황이 다릅니다. 문학이나 미술에 요구되는 종합적인 정신 능력이 필요하기보다는 타고난 재능에 좌우되는 것처럼 보입니다. 위대한 작곡가들 가운데 여성이 한 명도 없다는 것이 놀라운 일로 생각될 수 있겠습니다. 그러나 이런 천부적인 재능이 있다고 해도 위대한 작품을 창작하려면 학습과 음악에 대한 전문적인 헌신이 요구됩니다. 비록 남성 작곡가이기는 하지만 일류 작곡가를 배출한 나라는 독일과 이탈리아뿐입니다. 이들 나라에서 여성의 일반 교육이나 특수 교육은 모두 프랑스와 영국에 비해 훨씬 뒤쳐져 있습니다. 일반 교육도 거의 없는 형편이니(과장이 아닙니다) 특수한 정신 능력을 가진 사람을 위한 교육이라고 사정이 나을 리가 없겠지요. 작곡의 원리를 숙지한 남성이 수백 명 혹은 수천 명 이상이라면 여성은 수십 명도 채 되지 않습니다. 그렇다면 다시 한 번 평균의 법칙으로 볼 때, 뛰어난 남성 50명에 뛰어난 여성이 1명 이상이 된다는 합리적인 기대를 할 수 없는 셈이지요. 더구나 지난 3세기 동안 독일과 이탈리아에서도 탁월한 남성 작곡가 50명을 배출하지 못했습니다.

지금까지 제시한 이유들 외에도, 남녀 모두에게 기회가 있는 분야에서도 왜 여성이 남성에게 뒤처져 있는지 설명해 줄 수 있는 다른 이유들이 있습니다. 우선 자신을 위한 시간이 있는 여성이 거의 없습니다. 역설적으로 보일 수 있지만, 이것은 의심의 여지가 없는 사회적 사실입니다. 모든 여성은 자신의 시간과 생각을 실용적인 일에 사용하라는 중요한 전례를 따를 수밖에 없습니다. 우선 가족들과 가계를 돌보는 일은 가족 중 적어도 한 명의 여성이 맡아야 하는데, 일반적으로 나이가 지긋하고 경험있는 여성이 맡게 됩니다. 그런 일을 맡아줄 사람을 고용할 수 있거나 혹은 남에게 맡겼을 때 발생할 수밖에 없는 낭비나 부정 행위를 감수할 수 있을 정도로 가족이 부유하지 않다면 말이지요. 집안일을 감독한다는 것은 설사 어떤 면에서는 육체적으로 고되지 않다고 해도 사색을 하기에는 지극히 성가신 일입니다. 사소한 것까지 놓치는 일이 없도록 주시하면서 부단히 조심해야 하고, 미리 예상했거나 예상치 못한 문제에 대해 온종일 신경 쓰고 해결해야 하는 까닭에, 집안일을 맡은 사람은 좀처럼 그 일에서 벗어날 수 없습니다. 신분이나 형편상 이런 일들을 신경 쓰지 않아도 되는 여성이라고 해도 자신의 가족과 다른 사람들 간의 교류를 관리해야 합니다.

소위 사교 활동이라고 할 수 있겠지요. 집안일의 의무가 줄어들수록 사교 활동의 범위가 넓어집니다. 만찬 모임, 음악회, 저녁 모임, 아침 방문, 편지 쓰기 등은 모두 여성의 몫입니다. 이 모든 것은 매력적인 여성의 일이라며 사회가 전적으로 여성에게 부여한 부담스러운 의무 그 이상입니다. 상류 계급의 똑똑한 여성들은 품위 있는 예법과 화술을 수양하는 데 자신의 재능을 적절히 활용합니다. 여성들의 겉모습만 봐도 그렇습니다. 옷을 잘 입는 것을 중요하게 여기는 여성이라면(비싼 옷을 말하는 것이 아니라 관습을 생각하면서도 자신의 취향을 살려 입는 것을 말합니다) 자신의 옷차림이나 어쩌면 딸들의 옷차림을 주로 끊임없이 생각할 게 분명합니다. 그런 사고력을 예술이나 과학, 문학 분야에 썼더라면 괄목할 만한 성과를 거뒀을 테지만, 실은 그런 데 썼어야 하는 시간과 정신 능력의 대부분을 허비하고 있습니다.[c] 만약 여성들이 이런 소소한 현실적인 관심사(여성 입장에서는 중요한 일입니다만)에서 벗어나 넉넉한 여가 시간 또는 충분한 정력과 마음의 자유를 얻어서 예술이나 사변 작업에 전념할 수 있었다면 분명 대다수 남성에 비해 훨씬 뛰어난 창의적인 능력을 발휘할 수 있었을 겁니다.

밀 주석 C: "보다 견고한 예술 원리에서처럼 장식물을 통해서도 인간이 진리나 옳은 것에 대해 정당한 관념을 가질 수 있게 된다면 생각은 변함없이 올바른 방향으로 돌고 있는 것이다. 작은 원의 중심일지라도, 역시나 완벽한 원의 중심이다. ― 이 점을 세련된 취향이나 저속한 취향이 허용되는 복장의 유행을 통해 설명해 보자. 의복의 구성요소는 큰 것부터 작은 것으로, 짧은 것부터 긴 것으로 끊임없이 변화하고 있지만, 전체적인 형태는 여전히 그대로다. 그리 대단한 기본 틀이 있는 것은 아니지만 비교적 고정된 형태의 의복이 여전히 일반적이며, 유행도 거기에 따를 수밖에 없다. 이 업계에서 가장 크게 성공한 사람은 아마도 커다란 목적을 달성하는 데 필요한 똑같은 현명함으로 최고의 노력이 필요한 이 분야에서 동일한 솜씨를 찾아낸 것이다. 또한 가장 멋지게 옷을 입는 사람은 똑같이 멋진 형태를 만들어 냈을 것이다." ― 조슈아 레이놀즈 경의 <미술에 관한 일곱 편의 담론>

하지만 이것이 전부가 아닙니다. 여성은 주어진 일상적인 일과는 별개로 언제나 자신의 시간과 능력을 모든 사람을 위해 사용할 것을 요구받습니다. 만일 남성이 그런 요구로부터 자유롭게 해줄 직업이 없다면, 또 직장을 찾고 있는 중이라면 다른 이를 위해 시간을 헌납하지 않아도 무방합니다. 남성에게 직업은 주어진 모든 일상적인 요구에 응하지 않아도 되는 타당한 핑계거리인 셈이지요. 여성의 직업, 특히 여성이 자발적으로 선택한 직업은 소위 사회적인 요구라는 것 어느 한 가지라도 거부할 수 있는 변명거리로 받아들여집니까? 여성의 필수적인 의무나 공인된 의무가 면제되는 경우는 거의 없습니다. 가족 중 누군가 아프거나 다른 특별한 일이 있어야만 다른 사람을 즐겁게 해주는 일보다 자기 자신의 일을 우선적으로 처리할 수 있지요. 여성은 항상 누군가, 일반적으로는 모든 사람의 뜻대로 움직여야 합니다. 만약 공부를 하거나 직장을 구하려면 간혹 생기는 자투리 시간을 놓치지 말고 활용해야 합니다. 개인적으로 언젠가 발표되기를 기대하는 작품을 쓴 유명한 한 여성은 일반 여성이 하는 모든 일은 틈틈이 하는 것이라고 말했습니다. 그렇다면 여성이 쉼 없이 집중하고 인생의 관심사를 온통 쏟아 부어야 하는 일에서 제일 두각을 드러내지 못했다고 해서 그게 이상한 일입니까? 철학이 그렇고 특히나 예술 분야가 그렇습니다. 생각과 감정을 집중하는 것 외에도 고도의 솜씨를 갖추기 위해 끊임없이 손도 훈련시켜야 하니까요.

여기에 덧붙여 생각해 볼 점이 하나 더 있습니다. 다양한 예술 직업과 지적 능력을 요하는 직업의 경우, 생계를 유지하기에 충분한 수준의 숙련도와 불멸의 위대한 작품을 만들 수 있는 더 높은 수준의 숙련도가 있습니다. 전자의 경우에는 전문적으로 그 일을 하려는 사람이라면 누구나 그 정도 수준에 오르려는 적절한 동기가 있습니다. 반면 후자의 경우에는 명성을 얻고자 하는 강렬한 욕망이 없거나 인생의 어느 시점까지도 그런 욕망이 생기지 않는다면 결코 도달할 수 없는 숙련도입니다. 최고의 천재에 관한 놀라운 기록에서 볼 수 있는 것처럼, 선천적으로 비범한 재능을 가진 경우에도 그 분야에서 탁월함을 보여주기 위해서는 반드시 길고 고된 과정을 끈기 있게 견디는 일이 필요합니다. 어느 것도 쉽사리 그런 과정을 견딜 만한 흥분제가 되지 않습니다. 오늘날 여성들은 선천적인 원인에서든 후천적인 원인에서든 그 정도로 명성을 갈망하는 일이 거의 없습니다. 여성들의 야망은 그보다 더 좁은 범위에 국한됩니다. 영향력을 발휘하려는 것도 바로 그 주변 사람들이 대상일 뿐입니다. 욕망이라는 것도 자신의 눈에 보이는 사람들로부터 호감을 사거나 사랑을 받거나 존경을 받으려는 정도입니다. 그런 욕망을 이루기 위한 충분조건인 풍부한 지식, 예술적 조예, 높은 소양만으로도 여성은 거의 항상 만족합니다. 이것은 지금의 여성들을 평가할 때 빼놓고 설명할 수 없는 성격적 특성입니다. 그러나 그것이 여성의 선천적인 특성이라고는 결코 생각하지 않습니다. 여성이 처한 상황에 따른 자연스러운 결과일 뿐입니다.

남성이 명성을 추구하는 것은 교육이나 주변 사람들에 의해 장려됩니다. 명성은 '고결한 인물'의 '마지막 약점'이라는 속담처럼 '쾌락을 경멸하고 근면하게 사는 것'은 그 자체로 고결한 인물의 본문으로 간주되며, 명성은 여성의 호감을 사는 등 야망의 목표에 도달하는 접근 방법이라고 부추깁니다. 반면 여성에게 그런 모든 목표에 접근하는 길은 닫혀 있으며, 명성 자체를 얻고자 하는 욕망은 발칙하고 여성적이지 않은 것으로 간주됩니다. 게다가 사회가 여성의 일상생활과 관련된 사람들에게 여성 자신의 모든 의무를 다해야 한다고 명령하고 여성 자신의 안락한 삶이 그들에게 달려 있도록 만들어 놓은 상황에서 어떻게 여성이 그들에게 좋은 인상을 주는 데 온 관심을 쏟지 않을 수 있습니까?

다른 사람들로부터 배려를 받고 싶은 자연스러운 욕구는 남성이나 여성이나 마찬가지입니다. 하지만 사회는 모든 일상 속에서 여성의 공적인 평판은 오직 남편이나 남성 친척들이 받는 평판에 따라 좌우되도록 하고, 여성이 개인적으로 주목을 받거나 남성의 부속물이 아닌 다른 모습으로 나타날 때 얻는 사적인 평판을 금지해 버렸습니다. 가정과 사회에서의 전반적인 위상과 일생의 습관이 정신에 미치는 영향을 파악할 수 있는 최소한의 능력이 있는 사람이라면, 열등감을 내포하는 차이점 등 남녀 사이에 보이는 모든 차이점이 그런 영향 때문임이 완벽하게 설명됩니다.

지적 차이와 구별되는 것으로 간주되는 도덕적 차이의 경우, 대체로 여성에게 유리한 방향으로 구별을 짓습니다. 도덕적인 면에서 여성이 남성보다 낫다는 것이지요. 하지만 이것은 허울 좋은 찬사일 뿐이어서 생각 있는 여성이라면 쓴웃음을 지을 수밖에 없습니다. 우월한 쪽이 열등한 쪽에게 복종해야 하는 것을 매우 자연스럽고 타당하게 여기거나 기존 질서로 받아들이는 상황은 세상 어디에도 없으니까요. 이런 실없는 소리가 그나마 의미가 있을 때는 남성들이 권력의 부패한 영향력을 인정하는 경우뿐입니다. 왜냐하면 그것이 사실이라면 그런 사실이 곧 입증되었거나 보여지는 유일한 진리이기 때문입니다. 노예 상태는 정말 야만적인 상황이 되는 경우를 제외하고는 노예와 주인 모두 다 타락시키기는 하지만 그래도 노예보다는 주인을 더 타락시킵니다. 아무런 제약 없이 권력을 제멋대로 휘두를 수 있는 것보다는 비록 독단적인 권력에 의해서라도 제약받는 것이 도덕적 본성에는 더 유익한 일입니다. 여성은 형법의 영향을 덜 받는다고들 말합니다. 즉 남성에 비해 범죄를 저지르는 횟수가 훨씬 적다는 것이지요. 나는 흑인 노예에 대해서도 똑같은 말을 할 수 있다고 믿어 의심치 않습니다. 다른 사람의 통제 아래 있는 처지라면 주인의 명령이나 주인을 위해서가 아니라면 범죄를 저지를 만한 경우가 많지 않습니다. 학구적이라는 남성들을 포함해서 세상 사람들이 여성의 선천적 지적 능력을 어이없이 폄하하면서도 그 선천적 도덕성은 우습게도 칭찬합니다. 나는 이처럼 사회적 상황이 미치는 영향력을 무시하고 외면하는 맹목적인 태도가 두드러진 경우는 보지 못했습니다.

여성의 우월한 도덕성에 대한 칭찬의 말이 나오면 여성은 도덕적 편견에 훨씬 빠지기 쉽다고 하는 비방의 말이 짝처럼 나오기도 합니다. 여성은 개인적인 편견을 극복하지 못하는 탓에 중대한 일에 대한 판단이 동정심이나 반감에 휘둘린다는 것이지요. 그렇다고 하더라도 여성이 개인적 감정에 현혹되는 일이 남성이 개인적 이해관계에 현혹되는 일보다 더 자주 있는지는 앞으로 검증해 볼 문제입니다. 이 경우에 중요한 차이점이라면 남성은 의무를 수행하거나 공익을 위해 일하는 과정에서 자신에 대한 배려를 중시하는 반면, 여성은(자신만의 개인적 이해관계를 갖는 것이 허용되지 않기 때문에) 다른 사람에 대한 배려를 중시한다는 것으로 보입니다. 또한 사회에서 받는 모든 교육에서 여성은 자신과 연관이 있는 주변 사람들만이 자기가 의무를 다해야 하는 대상, 즉 그 관심사를 신경 써야 하는 유일한 대상이라는 생각을 주입받고 있다는 점도 고려해야 합니다. 게다가 교육에 있어서 여성은 더 큰 이해관계나 더 고귀한 도덕적 목적을 위한 지적인 관심을 키우는 데 필요한 기초적인 개념조차도 모르는 처지입니다. 여성에 대한 불만은 자신이 배운 유일한 의무, 정확히 말하면 실행해도 좋다고 허용된 거의 유일한 의무를 너무 성실하게 수행한다는 것으로 귀결될 뿐입니다.

최하층의 사람들이 힘으로 특권층을 겁박하는 경우가 아니라면 특권층이 최하층 사람들에게 양보하는 일은 거의 일어나지 않기 때문에, 남성이 갖는 특권에 반론을 제기하는 주장은, 사람들이 여성은 그런 특권에 불만이 없다는 생각을 할 수 있는 한, 일반 대중의 관심을 거의 받지 못할 것입니다. 바로 이런 사실 때문에 분명 남성들은 불공평한 특권을 좀 더 오랫동안 누릴 수 있겠지만, 그렇다고 그 특권이 불공평하다는 사실이 달라지지는 않습니다. 동양의 하렘에 사는 여성들도 정확히 그런 상황입니다. 그들은 자신에게 유럽에 사는 여성들이 누리는 자유가 없다고 불평하지 않습니다. 그들은 유럽 여성들이 지나치게 대담하고 여성적이지 않다고 생각합니다. 심지어 남성들조차 사회 전체의 질서에 대해 불평하는 일이 드문 상황에서 세상 다른 곳에 존재하는 또 다른 질서에 대해 아무것도 알지 못하는 여성이라면 그런 불만은 더더욱 할 수 없을 테지요. 여성은 자신의 전반적인 운명에 대해 불평하지 않습니다. 더 정확히 말하면 하기는 합니다. 여성이 쓴 글에서 구슬픈 심경을 다룬 내용을 흔히 볼 수 있지만, 그 한탄에 어떤 실체적인 대상이 있는 것으로 보이지 않아서 더 서글프게 느껴집니다. 여성이 하는 불평은, 인간의 삶이란 것이 일반적으로 만족스럽지 않다고 남성이 말할 때의 넋두리와 비슷합니다. 즉 비난의 의미를 담거나 어떤 변화를 호소하는 의도는 담겨있지 않습니다. 그렇지만 여성은 남편이 가지는 권력에 대해서는 불평하지 않으면서 각자 자기 자신의 남편이나 친구들의 남편에 대해서는 불평합니다. 다른 모든 노예 상태의 경우도 그렇습니다. 적어도 노예해방 운동 초기에는 말이지요. 노예들은 처음에는 주인의 권력에 대해서는 불평하지 않고 주인의 횡포에 대해서만 불만을 토로했습니다. 평민들은 도시민으로서의 특권 몇 가지를 요구하는 것부터 시작해서 그다음에는 자신들의 동의 없는 세금부과는 면제해 줄 것을 요청했습니다. 하지만 그때에도 왕이 가진 주권의 일부를 요구하는 것은 대단히 주제넘은 짓이라고 생각했을 겁니다. 오늘날 기존 질서에 저항하는 것을 과거에 신하가 왕에게 반기를 들 수 있는 권한을 주장하는 것과 같은 시각으로 보는 것은 유일하게 여성의 경우뿐입니다.

남편이 찬성하지 않은 운동에 가담한 여성은 순교자를 자처하는 셈이지만, 그렇다고 사도가 될 수 있는 것도 아닙니다. 왜냐하면 남편은 아내에게서 사도의 신분을 합법적으로 박탈할 수 있기 때문입니다. 상당수의 남성이 여성 해방을 위한 운동에 동참할 준비가 되기 전까지는 여성 자신이 그런 운동에 헌신할 수 있기를 기대하기는 어렵습니다.

제4장

여성의 종속을
없앰으로써

얻

는

것

여전히 한 가지 문제가 남았습니다. 앞서 살펴봤던 문제들보다 결코 중요성이 떨어지지 않고, 핵심 쟁점에 대한 확신이 다소 흔들리는 반대론자들이 가장 끈질기게 제기하는 질문일 것입니다.

— 우리의 관습이나 제도에 변화를 꾀해서 우리는 무엇을 기대할 수 있는가? 여성이 자유롭게 되면 인간의 삶이 더 나아질까? 만약 그렇지 않다면 어째서 여성의 마음을 어지럽히고 추상적인 권리를 명분으로 내세우며 사회 혁명을 시도하는 것인가?

이런 문제가 결혼한 여성의 상황에 변화를 꾀하려는 맥락에서 제기된 것이라고는 생각할 수 없습니다. 한 여성이 한 남성에게 종속된 경우에서 셀 수 없이 발생하는 고통, 악행, 온갖 종류의 해악이 너무나도 끔찍한 나머지 그냥 넘어갈 수 없는 지경입니다. 생각이 없거나 솔직하지 않은 사람들은 극단적이거나 널리 알려진 사례들만 언급하면서 그런 폐해는 예외적인 것이라고 말할지 모르겠습니다. 하지만 그런 경우들이 실제로 있고, 또한 많은 경우에 그 정도가 대단히 심각하다는 것을 모른 척 할 수는 없을 것입니다. 게다가 권력이 그대로 유지되고 있다면 그 권력 남용을 제대로 제어할 수 없음은 너무나도 자명합니다. 그런 권력은 선량하거나 매우 덕망 있는 남성들만이 아니라 모든 남성에게 주어지거나 제공된 것입니다. 그런 남성들을 제어할 수 있는 것은 주변의 시선 밖에 없지만, 이들은 대체로 주변의 시선에 개의치 않고 자신과 같은 부류의 남성들의 시선에만 신경을 씁니다. 만약 그런 남성들이 한 인간 — 자신의 모든 것을 참고 견딜 것을 법에 의해 강요받은 인간 —에 대해 잔인한 행동을 일삼지 않았다면 사회는 이미 천국과 같은 상태에 도달했을 겁니다. 남성의 부도덕한 성향을 제어하기 위한 법이 더 이상 필요하지도 않았을 겁니다. 아스트라이아[64]가 이 세상에 돌아왔을 것이고 가장 최악인 남성의 마음속도 아스트라이아의 신전이 되었을 테지요. 예속 상태의 결혼 제도를 용인하는 법은 현대 사회의 모든 원칙과 그런 원칙들을 더디지만 어렵사리 만들어 낸 모든 경험과 배치됩니다. 흑인 노예 제도가 폐지되었기 때문에, 결혼 제도는 모든 재능을 충분히 갖췄음에도 타인의 관대한 자비에 매여있는 한 인간이 오로지 결혼 제도에 종속된 자신의 이익을 위해 권력이 사용되기를 간절히 바라는 유일한 경우입니다.

사실상 결혼 제도는 우리의 법체계에 알려진 유일한 노예 제도입니다. 가정주부를 모두 제외하면 법적으로 노예는 존재하지 않으니까요.

---

[64] Astraea. 그리스·로마 신화에 나오는 정의의 여신. 그리스 신화에서는 제우스와 테미스 사이에서 태어났으며 여신 '디케Dike'와 동일시된다. 로마 신화에서는 '유스티티아Justitia'와 동일시된다.

그렇다면 이 문제는 '퀴 보노*Cui bono*'[65]라는 질문으로 살펴볼 것이 아닙니다. 악이 선을 능가한다고 말하는 사람은 있을 수 있지만, 선의 실재에 대해서는 이론의 여지가 없습니다. 하지만 이보다 더 큰 문제, 즉 여성에게 부과된 무능력 상태의 제거 — 남성과 동등한 시민권자로 인정하여 여성도 신망받는 모든 직업에 종사할 수 있으며 그런 직업을 얻을 수 있도록 훈련하고 교육시키는 문제 —에 관해서, 불평등은 정의롭지도 않고 합법적이지도 않다는 지적만으로 충분치 않다고 여기는 사람들이 많이 있습니다. 이들은 그런 불평등을 없애서 얻게 되는 명확한 이익이 무엇인지 알고 싶어 합니다.

먼저 모든 인간관계 가운데 가장 보편적이고 널리 퍼져 있는 관계[66]를 불의 대신에 정의로 규율하는 경우에 얻을 수 있는 이점부터 살펴보겠습니다. 말에 어떤 도덕적

---

[65] '누구에게 이익이 돌아가는가?'라는 뜻의 라틴어. 범죄 용의자를 식별하는 데 사용되는 관용어이다. 로마 공화정 시절 저명한 재판관 루키우스 카시우스가 자주 사용했다고 알려졌다.

[66] 여성과 남성의 관계.

의미를 부여하는 사람에게는 그 이점이 인간 본성에 미치는 영향을 있는 그대로 전해야 합니다. 다른 설명이나 묘사로는 더 명쾌하게 전할 수 없습니다. 모든 인간에게 존재하는 온갖 이기적인 성향, 자기 숭배, 부당한 자기 편애의 뿌리와 중요한 자양분은 바로 오늘날 남녀 관계의 구조입니다.

생각해 봅시다. 인류 가운데 가장 어리석고 보잘것없거나 혹은 가장 무식하고 둔한 소년이 아무런 장점이나 노력 없이 단지 남성으로 태어났다는 사실만으로 자신이 어른이 되면 매일 혹은 매순간 자신보다 뛰어나다고 느끼는 여성을 포함하여 인류의 절반을 차지하는 모든 여성보다 더 우위에 있을 권리를 가질 수 있다고 믿으면 어떻게 되겠습니까? 만약 남성이 여전히 바보 같아서 모든 행동에서 습관적으로 여성의 지휘를 받아야 한다고 해도, 그 여성은 능력과 판단력에서 그 남자와 대등하지도 않고 대등할 수도 없다고 생각하는 것입니다. 만약 남성이 바보가 아니라면 더 형편없는 짓을 저지릅니다. 그 여성이 자신보다 더 월등하다는 것을 알고 있지만, 그럼에도 불구하고 자신은 명령할 권한이 있고 여성은 복종해야 한다고 믿는 것이지요. 과연 이런 경험은 남성의 성격에 어떤 영향을 미칠까요? 교육을 받은 계층의 남성들조차도 이런 경험이 남성 절대 다수의 의식 속에 얼마나 깊이 박혀 있는지 감지하지 못하는 일이 많습니다. 왜냐하면 건전하게 교육을 잘 받고 자란 사람들에게 불평등은 되도록 눈에 보이지 않는 일이기 때문입니다. 무엇보다 아이들의 눈에 보이지 않습니다. 남자 아이들은 아버지에게 순종하는 만큼 어머니에게도 순종해야 합니다. 여자 형제들에게 제멋대로 구는 것은 용납되지 않고 또한 여자 형제들이 횡포에 시달리는 모습도 눈에 익지 않으며, 반대로 자신이 그런 일을 당하는 경우도 없습니다. 기사도 정신을 발휘하면 확실한 보상을 받는 한편 굴종 상태는 경험하지 못합니다. 그래서 가정교육을 잘 받은 상류 계급의 젊은이들은 유년 시절에 흔히 나쁜 환경의 영향을 받지 않고 성년이 되고 나서야 있는 그대로의 사실의 영역에서 그런 영향을 경험할 뿐입니다. 이런 사람들은 다른 환경에서 자란 남자 아이에게 일찍부터 의식 속에 남성이 여성보다 선천적으로 우월하다는 고정 관념이 자란다는 것, 그런 고정 관념이 성장하면서 함께 커지고 힘이 세지면서 함께 강해진다는 것, 학교에서 친구들끼리 서로 물든다는 것, 어렸을 때부터 자기가 어머니보다 뛰어나다고 생각하면서 어머니에게 말과 행동은 조심하지만 존경하는 마음은 가지고 있지 않다는 것, 무엇보다 자기 인생의 동반자로 삼으려는 여성에게 군주인 마냥 끝 모를 우월감을 가진다는 것을 잘 알지 못합니다. 이 모든 것이 한 개인이자 동시에 사회적 존재인 한 남성의 삶의 방식 전체를 왜곡하지 않을 거라고 상상할 수 있겠습니까? 세습에 의해 왕위에 오른 인물이 왕으로 태어났기 때문에 자기가 다른 사람들보다 더 탁월하다거나, 귀족으로 태어났기 때문에 고귀한 사람이라고 생각하는 것과 정확히 일치합니다. 남편과 아내의 관계는 군주와 신하의 관계와 매우 유사합니다. 부인은 신하에 비해 더 무제한적으로 순종해야 하는 처지에 매여 있다는 것만 빼고 말이지요. 신하의 성격이 그 종속 상태로 인해 더 좋거나 더 나쁜 쪽으로 영향을 받았을 거라고 해도 군주의 성격은 더 나쁜 쪽으로 크게 영향을 받았음을 누가 짐작할 수 있을까요? 자신보다 신하들이 훨씬 뛰어나다고 믿게 되든지, 아니면 자신만의 장점도 없고 아무런 노력도 기울이지 않았지만 피가로[67]의 말처럼 단지 세상에 태어나

---

[67] 모차르트의 오페라 〈피가로의 결혼〉에 주인공으로 등장하는 세비야의 이발사 피가로.

는 수고를 아끼지 않았다는 이유로 자신만큼이나 선량한 사람들을 지배하는 위치에 있다고 생각하게 되든지 말이지요. 군주나 봉건영주의 자기 숭배는 남성의 자기 숭배에 필적합니다. 인간이라는 존재가 아무리 노력하지 않고 얻은 특권을 가졌다고 해도, 그것에 득의만만해서는 어린이에서 어른으로 성장할 수 없습니다. 자신의 재능으로 특권을 얻지 않았다는 것이나 남달리 특권을 얻는 것에 대해 겸허함을 느끼는 사람들은 항상 소수입니다. 최고의 소수인 셈이지요. 나머지 사람들은 특권에 대해 자부심만 느낄 뿐입니다. 스스로 성취해서 얻은 것이 아닌 우연히 얻은 이점을 자랑하는 최악의 자부심입니다. 특히 자신이 모든 여성보다 우위에 있다는 생각하며 자라고, 여기에 그중 한 여성에 대해 개인적으로 권한을 가지게 되는 일이 더해질 때, 이런 상황은 — 양심과 애정이 가장 큰 장점인 인간에게 — 양심적이고 애정 어린 관용을 베풀어야 하는 학습의 장이 마치 오만함과 거들먹거림을 배우는 아카데미나 김나지움처럼 느껴지는 것과 같습니다. 그리고 다른 남성들, 즉 자신과 비슷한 사람들과 교류하다가 상대방과 의견 충돌이 일어나 자신이 밀리게 되면, 자신에게 복종할 수밖에 없는 사람들을 향해 느닷없이 화풀이하거나 다른 사람에게 복종할 수밖에 없는 자신의 처지에 대한 분풀이를 불쌍한 아내에게 하는 일도 많습니다.

이제까지 살펴본 사례들과 사람들의 생각에 영향을 미친 교육은, 가정 내 남녀의 관계를 사회 정의의 제1원리들[68]과 상충되는 관계에 바탕을 둠으로써, 인간의 본성을 왜곡시키는 쪽으로 엄청난 영향을 미칩니다. 따라서 현재 우리의 경험으로는 그 관계를 해체시켜 더 나은 방향으로 커다란 변화를 이루는 단계까지 상상하기 어렵습니다. 힘의 법칙이 성격에 미치는 영향을 약화시키고 그 자리를 정의의 법칙으로 대체하려는 모든 교육과 문명은, 문제의 핵심을 공략하지 않는 한, 그저 변죽을 두드릴 뿐입니다. 현대의 도덕과 정치 운동의 원리는 바로 행위입니다. 행위만 존중의 대상이 되는 것입니다. 즉

---

[68] 현대적인 의미의 '사회 정의 Social justice' 개념은 19세기에 촉발되었다. 밀이 여기에서 말하는 사회 정의가 구체적으로 무엇을 지칭하는지는 불명하고, 그 개념이 시대마다 학자마다 차이를 보이겠지만, 대체로 공정의 원리, 평등의 원리, 인권 존중의 원리를 뜻한다. 여기에 다양성의 원리와 사회 참여의 원리가 더해질 수 있을 것이다.

어떤 사람인지가 아닌 그 사람이 무엇을 하는지에 따라 존중받을 권리가 생깁니다. 무엇보다도 태생이 아닌 능력이 권한과 권위를 정당하게 주장할 수 있는 유일한 근거입니다. 만약 한 사람이 다른 사람에게 본질적으로 지속적인 권위를 갖는 것이 허용될 수 없다면, 사회도 한 사람의 성향을 과대포장하면서 다른 사람의 권리를 억압하는 일에 이용되지 않아야 합니다. 인간이 지구상에 존재한 이후 처음으로 아이들은 가야 할 방향으로 교육받게 될 것이고, 성인이 되었을 때 그 방향에서 벗어나지 않게 될 것입니다. 하지만 강자가 약자를 지배할 수 있는 권리가 사회의 핵심 영역에서 우세하게 지속되는 한, 약자가 강자와 평등한 권리를 누리며 사회적으로 행동할 수 있도록 하려는 시도는 항상 힘겨운 일이 될 것입니다. 왜냐하면 기독교의 법칙이기도 한 이 정의의 법칙이 남자들의 내면 가장 깊숙한 곳의 감정을 사로잡을 수 없기 때문입니다. 그들은 정의의 원칙에 따라야 할 때조차 정의의 원칙에 반대할 것입니다.

여성에게 그들의 능력을 자유롭게 발휘할 기회를 줌으로써 — 직업 선택의 자유를 주고 남성과 동일한 분야에서 일하게 하고 동일한 보상과 격려를 받을 수 있게 함으로써 ― 기대할 수 있는 두 번째 이익은 더 높은 수준의 봉사에 필요한 인류의 정신 능력이 두 배로 늘어난다는 것입니다. 공립학교 교사나 공공 업무를 담당하는 행정관으로서 인류에게 도움이 되고 전반적인 사회 발전을 도모할 수 있는 사람이 현재는 한 명이지만, 이제는 두 명이 될 가능성이 있는 셈이지요. 종류에 상관없이 탁월한 정신 능력은 현재 어느 분야에서나 수요에 한참 미치지 못합니다. 상당한 능력이 요구되는 일을 훌륭하게 해낼 수 있는 적임자가 부족합니다. 인류가 가지고 있는 전체 능력의 절반을 사용하지 않아서 사회가 입는 손해는 정말 심각한 수준입니다. 이 절반의 정신 능력이 완전히 사라져 버렸던 것은 아닙니다. 집안일이나 여성에게 허용된 몇몇 다른 직업에 사용되는 경우처럼 상당 부분은 이용됩니다. 그리고 그 나머지도 여성이 남성에게 개별적으로 미치는 영향을 통해 간접적으로 이익을 주는 경우도 적지 않습니다. 하지만 이러한 이익은 부분적이고 그 범위도 극히 제한적입니다. 전체 인간 지성의 절반에게 자유를 부여함으로써 얻게 되는 새로운 사회적 힘이 더해지는 만큼 빠지는 부분도 생기게 됨을 인정하더라도, 여성과의 경쟁에 의해 남성들에게 지적으로 주어지는 자극 ― 보다 정확히 말하면 남성이 당연히 우

위를 차지해야 한다는 필요성에 의해 만들어지는 자극
—이 더해지게 됩니다.

여성에게 완벽한 지적 교육을 제공하는 것은 인류의 지적 능력뿐 아니라 인류의 문제를 올바르게 해결할 수 있는 지성을 크게 향상시키는 일에 부분적으로 일조하는 길입니다. 그렇게 되면 남성의 지적 능력도 그것에 맞춰 향상될 것입니다. 여성 일반은 같은 사회 계층의 남자들과 똑같이 사업, 공공 업무, 고차원적 사고가 필요한 문제를 이해할 수 있도록 교육받아야 합니다. 그리고 남성뿐 아니라 여성 가운데, 다른 사람이 한 일이나 생각을 이해할 뿐 아니라 스스로 어떤 중요한 일을 할 수 있거나 생각할 수 있는 능력이 있는 선택된 소수는 누구나 자신의 능력을 훈련하고 향상시키는 수단을 똑같이 얻어야 합니다. 이런 식으로 여성의 교육 수준을 남성과 같은 수준으로 올리고 남성이 활동하는 모든 분야에 여성을 참여시킴으로써 여성의 활동 영역이 앞으로도 계속 넓어질 것입니다. 하지만 이와는 별개로 남녀 차별의 장벽을 무너뜨리는 것은 그 자체로 대단히 숭고한 교육적 가치를 가질 것입니다. 그러나 생각과 행동에 관한 더 광범위한 주제나 단지 개인적 관심사가 아닌 일반적인 모든 관심사와 관련하여 대부분의 일에서 여성은 철저히 배제되고 있으며 사소한 일에 참여하는 것도 간신히 허용되는 형편입니다. 모두 남성이 맡아야 하는 분야이고 여성이 끼어들 일이 아니라는 생각만 버려도, 또한 여성도 남성과 같은 인간으로서 자신이 직업을 선택할 수 있고 인간에게 흥미로운 일은 무엇이든 남성과 마찬가지로 관심을 가질 수 있으며 실제 동참 여부와는 상관없이 개인적 견해를 가진 모든 인간사에 일정한 영향력을 행사할 자격이 있다는 인식만 가져도, 여성의 도덕적 감성을 확대시키는 것은 물론이고 여성의 능력을 크게 향상시키는 결과를 가져올 것입니다.

인류 절반에 해당하는 사람들이 가진 능력을 포기할 수 있을 만큼 지금 현재 인재가 충분한 것도 아닌 상황에서, 여성의 견해는 인간 사회의 문제를 해결하는 데 유용한 개인의 능력이 늘어난다는 것 외에도 인류 전체의 생각과 감정에 — 더 훌륭한 영향보다는 — 더 유익한 영향을 미칠 것입니다. 나는 '더 훌륭한' 영향이 아닌 '더 유익한' 영향이라고 말했습니다. 왜냐하면 여성은 사람들의 일반적인 생각에 항상 또는 적어도 역사가 기록된 이래로 그 영향이 매우 상당했기 때문입니다. 역사가 시작된 이후 어머니가 아들의 유년기 성격에 미치는 영향이나 젊은 남성이 젊은 여성에게 매력적으로 보이고 싶은 욕망은 성격 형성에 중요한 요인이었으며, 문명 발전의 몇몇 주요 단계에서 결정적인 역할을 했습니다. 심지어 호메로스[69]의 시대에도 위대한 헥토르[70]로 하여금 행동에 나서도록 자극한 강력한 동기는 트로이 여성들의 질질 끌리는 옷에 대한 부끄러움이었다고 합니다. 여성들이 미치는 도덕적 영향은 두 가지 방식으로 작용했습니다. 첫 번째는 부드러운 방식입니다. 폭력의 희생자가 되기 가장 쉬운 이들은 자연스럽게 폭력의 범위를 제한하고 그 난폭함을 누그러뜨리는 일에 신경을 썼습니다. 싸우는 법을 배우지 못한 사람들은 싸움보다는 다른 방식으로 불화를 해결하려는 경향이 있습니다. 일반적으로 방만한 이기적인 열정 때문에 가장 큰 고통을 받는

---

[69] Homer: Homerus 기원전 8세기경의 고대 그리스의 위대한 서사시 작가. 〈일리아드〉와 〈오딧세이〉를 남겼다.

[70] 호메로스의 서사시 〈일리아드〉에 나오는 트로이 전쟁의 영웅. 트로이의 왕자로 대단한 전사였으나 아킬레우스와의 싸움 끝에 전사했다.

사람들은 그런 열정을 억제하는 방법을 제시하는 모든 도덕법을 가장 열렬하게 지지했습니다. 북방의 정복자들이 기독교 교리를 받아들이는 데 크게 도움을 준 것이 바로 여성들이었습니다. 기독교 교리는 그 전에 있었던 어떤 교리보다 여성들에게 우호적이었습니다. 앵글로색슨족과 프랑크족이 개종하게 된 것은 에셀버트[71]와 클로비스[72]의 아내들 때문이라고 할 수 있습니다. 두 번째는 여성의 의견이 충분한 자질을 갖춘 남성에게 강력한 자극을 줌으로써 확실한 영향력을 발휘하는 방식입니다. 여성은 자신의 생각을 밝힐 수 있는 훈련을 받지 않았기 때문에 자신을 보호해 줄 인물을 찾는 것이 필요합니다. 용기뿐 아니라 일반적으로 군사의 덕목은 항상 여성들의 존경을 받고 싶어 하는 남성들의 욕망에 크게 빚지고

---

[71] Ethelbert 550~610. 고대 앵글로색슨 왕국을 지배한 켄트족의 왕. 최초로 기독교로 개종한 영국의 왕이다.

[72] Clovis 466~511. 살리 프랑크족의 왕이자, 최초로 프랑크 왕국을 세운 왕. 독실한 기독교 신자였던 아내의 권유로 가톨릭으로 개종하여 유럽 대륙에 가톨릭 시대를 열었다. 서고트족, 동고트적 등의 다른 게르만계 부족국가는 아리우스파 기독교였다.

있습니다. 그리고 여성들에 의한 자극은 이런 종류의 뛰어난 자질을 넘어 다른 종류의 자질에까지 미칩니다. 여성이 처한 상황의 자연스러운 결과겠지만, 여성에게 존경과 호의를 받는 가장 확실한 방법은 언제나 남성들에게 매우 중요하게 여겨졌기 때문입니다. 여성이 미치는 이 두 종류의 도덕적 영향력이 결합하여 기사도 정신이 나타났습니다.

이 기사도 정신은 전쟁 수행에 필요한 최고의 자질을 완전히 다른 종류의 덕목, 즉 비호전적이고 방어 능력이 없는 일반인들을 향한 온후함, 관대함, 자기희생, 특히 여성에 대한 순종이나 존중과 결합시킨다는 점에서 독특합니다. 여성들은 자신에게 복종을 강요하기보다는 호의를 사려고 노력하는 사람들에게 자발적으로 자신의 권한을 부여하는 고상한 보상을 할 수 있다는 점에서 방어 능력이 없는 다른 부류의 사람들과 구분이 됩니다. 일반적으로 실제가 이론에 미치지 못한다는 것 그 이상으로 기사도 정신의 실제도 그 이론적인 기준에 훨씬 못 미쳤지만, 기사도 정신은 인류의 도덕 역사에서 가장 귀중한 기념비 가운데 하나로 남아 있습니다. 대단히 무질서하고 혼란스러운 한 사회가 그 상황과 제도보다 도덕적 이상을 더 높이 끌어올리고 그것을 실행하기 위해 조직적이고 일치된 모습으로 시도한 아주 주목할 만한 사례이기 때문입니다. 주된 목적에서는 완전히 실패했지만, 아무런 효과가 없었던 게 아니라 대단히 의미 있는 일이었습니다. 대체로 후대 사람들의 생각과 감정에 매우 소중한 인상을 남겼으니까요.

기사도의 이상은 여성의 정서가 인류의 도덕적 수양에 미친 영향에 있어 그 정점에 해당됩니다. 만일 여성들이 여전히 종속적 상태로 있어야 한다면 기사도 정신의 기준이 사라져 버린 것은 대단히 애석한 일이라고 할 수 있습니다. 왜냐하면 그런 종속적 상태로부터 생긴 비도덕적 영향력을 약화시킬 수 있는 것은 기사도 정신밖에 없을 테니까요. 하지만 인류 사회 전반에서 변화가 일어나면서 전혀 다른 도덕적 이상이 기사도 정신을 대체하는 것이 불가피해졌습니다. 모든 것의 좋고 나쁨이 개인의 용감한 행위에 달려 있는 사회에서 기사도는 개인의 배려와 관대함이라는 부드러운 영향력을 통해 도덕적 요소를 주입하려는 시도였습니다. 현대 사회에서는 모든 것, 심지어 군대와 관련된 일조차도, 개인의 노력이 아니라 수많은 사람의 노력이 결합되어 결정됩니다. 그러는 사이 사회의 주요 역할은 싸움에서 사업으로, 군사의 삶에서 사업가의 삶으로 바뀌었습니다. 이 새로운 삶의 본질에서 관용의 미덕은 과거만큼이나 독보적인 덕목이지만, 더 이상 결정적인 덕목은 아닙니다. 현대인의 도덕적 삶에서 주요 토대는 분명 정의와 사려입니다. 모두가 서로의 권리를 존중하고, 각자 스스로를 돌볼 수 있는 능력을 가져야 합니다. 기사도는 사회 곳곳에서 아무런 처벌도 받지 않은 채 자행되는 온갖 형태의 부정한 행위에 아무런 법적 제재를 하지 않았습니다. 찬사와 존경의 방식을 통해 소수의 사람들에게 나쁜 일보다 옳은 일을 하도록 권장했을 뿐입니다. 하지만 실질적으로 도덕 체계는 언제나 그 형사적 제재, 즉 악행을 하지 못하게 막는 힘에 예속될 수밖에 없습니다. 사회의 안전은 그저 정당하게 명예를 부여하는 것으로만 좌우될 수 없습니다. 그런 동기는 상대적으로 설득력이 없어서 소수를 제외한 거의 대부분의 사람들에게 전혀 통하지 않습니다. 현대 사회는 문명이 부여한 우월한 힘을 적절히 행사함으로써 삶의 모든 영역에서 두루두루 악행을 제어할 수 있고, 그런 이유로 사회의 약자들도 폭군 위치에 있는 사람들의 기사도 정신에 의존하지 않은 채 웬만큼 괜찮은 삶을 살아가게 만들 수 있습니다(더 이상 무방비 상태가 아니라 법의 보호를 받으면서 말이지요). 기사도 정신의 아름다움과 품위는 여전히 예전 그대로지만, 오늘날 약자들의 권리와 인간 삶의 보편적인 안락함은 더 확실하고 안정된 토대에 달려 있습니다. 더 정확히 말하면 부부 관계를 제외하고 삶의 모든 관계가 그렇습니다.

오늘날 여성의 도덕적 영향력은 여전하지만, 더 이상 두드러지고 명확하지 않습니다. 오히려 여론이라는 전반적인 영향력에 거의 흡수되어 버렸습니다. 동정심의 확산과 여성의 눈에 들고 싶어 하는 남성의 욕망을 통해 여성의 감정은 기사도 정신의 이상으로 남아 있는 것 — 그런 정서를 조성하고 기사도 정신과 관용을 이어가는 것 —을 생생하게 유지하는 일에 커다란 영향을 미칩니다. 이런 특징적인 면에서 여성의 의식 기준은 남성보다 높지만, 정의의 본질 측면에서는 남성보다 다소 낮습니다. 사적인 삶의 관계에 있어서 여성의 영향력은 일반적으로 더 부드러운 덕목을 장려하고 더 엄격한 덕목은 차단한다고 말할 수도 있습니다. 하지만 이런 주장은 여성 개개인의 성격에 따라 충분히 가감해서 받아들여야 합니다. 덕이 인생을 살면서 생기는 이해관계에 영향을 받는 매우 난감한 상황, 즉 원칙과 이해관계가 상충되는 상황에서 여성의 영향력은 대단히 복합적인 성격을 띠는 경향이 있습니다. 관련된 원칙이 종교 교육이나 도덕 교육 과정에서 강하게 새겨진 원칙들 중 하나라면 여성은 덕의 강력한 지원군 역할을 자처합니다. 그래서 종종 남편이나 아들이 그런 자극이 없었다면 결코 하지 않았을 자기희생적 행동을 하도록 부추깁니다. 하지만 현재 여성들이 받는 교육과 그 위상으로 볼 때, 여성들에게 깊은 인상을 준 도덕 원칙들은 전체 덕목에서 상대적으로 작은 부분에 지나지 않고, 더구나 특정 행동을 금지하거나 사유와 목적의 전체적인 방향과는 아무런 관련이 없는 등 기본적으로 부정적인 면이 있습니다. 이런 말이 있다는 것이 유감스럽지만, 여성의 영향력이 인생의 일반적인 행위 — 가족의 사적인 이익을 보장하지 않는 일에 전념할 때 —에는 거의 발휘되지 못하거나 아무런 도움이 되지 못하고 있습니다. 앞으로 어떤 이익이 될 것인지 알지 못하는 일이나, 자기와 관련된 남성들과는 무관한 일이나, 가족의 이해관계와 관련이 없는 일에 대해 관심을 두지 않는 것은 여성만의 책임이 아닙니다. 하지만 그 결과 여성은 공공의 덕목에 결코 긍정적인 영향을 미치지 못하는 일이 많습니다.

그렇지만 여성의 활동 범위가 다소 넓어지고 상당수의 여성들이 실질적으로 가족과 집안일 이외에 다른 일에도 참여하게 되면서 공중도덕에도 일부 영향을 미칩니다. 여성의 영향력은 현대 유럽인의 삶에서 가장 뚜렷한 특징 가운데 두 가지, 즉 전쟁을 혐오하고 박애 행위에 열중하는 하는 태도에서 가장 잘 드러납니다. 두 가지 점 모두 훌륭합니다. 하지만 여성의 영향력이 보통 이런 감정들을 장려한다는 점에서는 가치가 있지만, 특정 방식으로 적용되는 과정에서 유익한 영향만큼 좋지 못한 영향도 미친다는 것은 불행한 일입니다. 특히나 박애 행위에 있어 여성들은 주로 개종과 자선 활동, 이 두 가지를 염두에 둡니다. 개종이라는 것은 내적으로는 종교적 적대감을 격화시키는 것의 또 다른 이름일 뿐입니다. 또한 외적으로는 개종을 실시하는 과정에서 발생할 수 있는 치명적인 악영향, 즉 다른 모든 바람직한 목표뿐 아니라 종교적 목표 그 자체에도 치명타가 될 수 있음을 이해하거나 주의를 기울이지 않은 채, 대체로 어떤 목표를 향해 맹목적으로 돌진하는 것을 말합니다. 자선 활동의 경우에도, 직접 관련된 사람들에게 즉각 영향을 미치는 것과 궁극적으로 이루려는 공공선이 완전히 상충될 가능성이 있는 문제입니다. 반면 여성들이 받는 교육,

즉 이해보다는 감성을 중시하는 교육과, 일생을 통해 심어진 습관, 즉 다른 계층의 사람들에게 간접적인 영향을 주는 것보다 주변 사람들에게 직접적인 영향을 미치는 습관 때문에 그들은 자신의 동정심을 자극하는 모든 형태의 자선 활동이나 박애 행위가 궁극적으로 나쁜 결과를 초래할 수 있음을 이해할 수 없거나 인정하지 않으려고 합니다. 사람들 스스로 삶을 책임지지 못하게 하고 자신의 행동 때문에 초래된 좋지 않은 상황에서 벗어나게 해주는 근시안적이고 무지한 선행이 더 커지고 지속적으로 늘어나면서 개인의 성공과 사회적 덕목의 기본적인 조건인 자기 존중, 자립, 자기 통제의 근간을 점차 약화시킵니다. 이처럼 선행이 아닌 악행에 정신적 능력과 선의의 감정을 낭비하는 일에 여성이 기여한 바와 미친 영향력은 대단합니다. 그렇지만 여성이 실제로 선행 계획을 관리할 수 있다면 그런 실수를 저지르지는 않을 것입니다.

때로는, 공공 자선 사업을 담당하는 여성들이 — 특히 자신들이 직접 접촉하고 있는 사람들의 마음과 감정에 대해 보통 남성보다 여성이 뛰어나다고 하는 통찰력을 가지고 있어서 — 자선 용품과 도움의 손길이 미치는 비도덕적 영향력에 대해 분명하게 인식하고, 또한 수많은 남성 경제학자에게 이 문제에 관해 교훈을 줄 수 있습니다. 하지만 자신의 돈을 줄 뿐 그 돈으로 인해 생기는 결과를 직접 눈으로 확인할 기회가 없는 여성이 어떻게 그 결과를 내다볼 거라고 기대할 수 있을까요? 지금과 같은 여성의 운명을 갖고 태어나서 그 운명에 만족하는 여성이 어떻게 자기 독립의 가치를 이해할 수 있겠습니까? 여성은 자기 독립적이지 않고, 자기 독립을 배우지도 않습니다. 모든 것을 다른 사람으로부터 받는 것이 여성의 운명인 상황에서, 자신에게는 좋은 것이 어째서 가난한 이들에게는 나쁜 것일까요? 여성에게 익숙한 선의 개념은 우월한 사람으로부터 내려오는 축복의 개념입니다. 여성은 자신이 자유롭지 못하다는 사실과 가난한 이들은 자유롭다는 사실을 잊어버립니다. 그리고 가난한 이들에게 필요한 것이 공짜로 주어진다면 그들은 그것을 얻기 위해 억지로 일할 필요가 없다는 것을 잊어버립니다. 즉 모든 사람이 다른 사람을 전부 돌봐줄 수는 없는 일이고, 스스로 자기를 돌보도록 하는 어떤 동기가 있어야 하는 것이지요. 아울러 신체적으로 스스로 돌볼 수 있는 경우라면 자립할 수 있도록 도움을 주는 것이야말로 자선이라는 이름에 걸맞은 유일한 자선 행위입니다.

이제까지 살펴본 바에 따르면, 여성의 사회적·정치적 해방으로 교육이 확대되고 여성의 견해가 영향을 미치는 일들을 실질적으로 파악할 수 있게 됨으로써, 일반 여론이 형성되는 과정에서 여성의 역할은 더 나은 방향으로 유용하게 바뀔 수 있습니다. 그러나 여성이 영향력을 발휘하여 이뤄지는 개선이 각자의 가정에서 일어난다면 훨씬 더 놀랍겠지요.

흔히 유혹에 가장 노출되기 쉬운 부류 가운데 남편들은 아내와 아이들, 다시 말해 아내의 직접적인 영향력과 아이들의 앞날에 대한 걱정 때문에 정직하고 존경받을 만한 사람이 된다고 말합니다. 부도덕하기보다는 나약한 남성의 경우라면 그럴 수도 있고, 분명 종종 그런 일이 있습니다. 이런 유익한 영향력은 남녀가 평등한 법 아래에서 유지되고 강화될 것입니다. 여성의 종속 상태와는 관련 없지만, 반대로 열등한 부류의 남성이 자기 힘에 예속된 여성을 향해 늘 마음속 깊이 품고 있는 경멸에 의해 축소됩니다. 그러나 그 영향력에 점점 무게가 실릴수록 전혀 다른 종류의 힘이 나타납니다. 아내는 자신의 남편이 나라가 인정하는 일반적인 기준 아래로 떨어지지 않도록 어느 정도 영향력을 발휘합니다. 남편이 그 기준에 미달되는 일이 없도록 아주 적극적으로 나서기도 하지요. 아내는 일반 여론의 지원군인 셈입니다. 자신보다 지적 능력이 떨어지는 여성과 결혼한 남성은 아내를 자신에게 영원히 주어진 무거운 짐이라고 생각하거나 심지어는 주변의 평판보다 더 나은 사람이 되려는 자신의 열망을 가로막는 방해물 같은 존재로 여깁니다. 이런 생각에 갇혀 있는 사람이 고귀한 덕을 얻을 리 만무합니다. 만약 이 남성이 그런 생각이나 욕구에 대해 일반 대중과는 다른 의견을 가지고 있다면, 즉 아직 아무도 생각하지 못한 진리를 깨닫는다거나 혹은 사람들이 명목상 인정한 진리를 마음속으로 느끼면서 일반 대중보다 훨씬 양심적으로 그 진리에 따라 행동하려고 한다면, 결혼은 가장 버거운 방해물이 됩니다. 만약 자신만큼 일반적인 기준을 훌쩍 뛰어넘는 수준의 아내를 둘 정도로 운이 좋지 않다면 말이지요.

무엇보다 사회적 지위나 경제적인 면에서 개인적 이익을 어느 정도 희생하거나 심지어는 생계유지의 측면에서 위험을 감수해야 하는 일이 있기 마련입니다. 이런 희생이나 위험을 남성 혼자라면 기꺼이 감당할 수 있을 지라도 자기 가족에게 그 부담을 준다면 주저할 수밖에 없을 겁니다. 이 경우에 가족은 아내와 딸을 말합니다. 왜냐하면 남성은 언제나 아들이 자신처럼 생각하고, 자신이 견딜 수 있는 일들을 아들 역시 같은 명분을 가지고 마땅히 견딜 것을 바라기 때문입니다. 그러나 딸의 경우에는 그런 희생 때문에 결혼이 영향받을 수 있고, 아내는 그런 희생에 동참하지 않거나 그 목적을 이해하지 못합니다. 만약 아내가 그런 희생이 가치가 있다고 생각한다면 그것은 남편에 대한 신뢰나 오로지 남편을 위해서 그렇게 하는 것입니다. 아내는 남편이 느끼는 열정이나 자기희생에 대해서는 전혀 공감할 수 없지만, 남편이 희생하려는 모든 것은 대체로 아내를 위한 것이기 때문입니다. 그렇다면 전혀 이기적이지 않은 최고의 남성은 아내에게 이런 부담을 주는 일을 두고 한없이 주저할 수밖에 없지 않을까요? 삶의 안락함이 아니라 사회적 평판이 달린 문제라고 해도 그 남성이 양심적으로나 감정적으로 느끼는 부담은 여전히 매우 심각합니다.

아내와 자녀가 있는 남성이라면 누구든지 그런디 부인[73]에게 인질을 잡힌 셈이지요. 사회적으로 좋은 평판을 얻는 것은 남성 입장에서 관심의 대상이 아닐 수 있지만, 그의 아내에게는 아주 중대한 문제입니다. 남성은 여론에 개의치 않거나 자기 방식대로 생각한 의견을 내놓음으로써 충분한 보상을 얻을 수 있습니다. 하지만 그는 자신과 관련이 있는 여성에게는 아무런 보상을 해줄 수 없습니다. 아내에게는 자신의 영향력을 사회적 평판과 비교하려는 경향이 있습니다. 거의 변치 않는 이런 경향은 여성 특유의 나약하고 철없는 성격적 특성이라며 비난받지만, 그건 분명 대단히 부당한 처사입니다. 사회는 안락한 생활을 영위하는 계층의 여성에게 평생 끊임없는 자기희생을 요구합니다. 타고난 성향 전체를 강제로 제한하고 그 대가로 주는 것이 순교자의 이름에나 어울리는 사회적 평판뿐입니다. 여성의 사회적 평판은 남편의 평판과 뗄 수 없는 관계에 있습니다. 사회적 평판을 얻기 위해 충분한 대가를 치르고 나면 스스로 전혀 납득

---

[73] Mrs. Grundy. 토마스 모튼의 1798년 희곡 〈Speed the Plough〉에 등장한 인물. 체면이나 평판, 관례를 중시하는 인물의 대명사.

할 수 없는 이유로 그것을 잃게 되는 처지에 놓입니다. 여성은 사회적 평판을 얻기 위해 평생을 희생했지만, 아무런 희생을 하지 않으려는 남편의 태도는 변덕이나 엉뚱함, 기행으로 받아들입니다. 이는 세상 사람들도 인정하거나 용납하지 않을 것이며, 설령 더 나쁘다고 생각하지는 않을지 몰라도 어리석은 짓이라고 보는 여성의 생각에 동조할 것입니다. 주변에서 칭찬받는 남성들이 이런 딜레마를 심각하게 겪습니다. 이들은 비슷한 생각을 가진 사람들 사이에서 돋보일 만한 자질을 갖지는 못했지만 확신에 차서 자신의 견해를 고수하고, 그렇게 하는 것이 체면과 양심을 지키는 것이라고 생각합니다. 그래서 자신의 신념을 공언하고 그 신념을 위해서라면 자기의 시간이나 노력, 재산을 바칩니다. 최악의 상황은 그런 남성들이 우연히도 높은 지위에 오르는 경우입니다. 물론 지위만으로 소위 최고 상류 계급에 들어가는 것도 아니고 차단되는 것도 아니어서 이들의 최고 상류 계급 입성 여부는 주로 개인적인 평판에 달려 있습니다. 출신과 자질 면에서 아무리 나무랄 데가 없다고 해도 사회 분위기를 주도하는 사람들로부터 그 견해나 공적인 행동이 용납할 수 없다고 판단되면 사실상 주류에서 배제될 수밖에 없습니다. 수많은 여성은 (아무리 적게 잡아도 열 명 중 아홉 명) 잘 알고 있고 비슷한 수준의 삶을 사는 사람들이 자유롭게 섞여 있는 사회에서 그 어느 것도 자신과 남편이 주변 사람들 가운데 최고의 위치에 오르는 것을 막을 수는 없다며 스스로 추켜세웁니다. 자신의 남편이 불행히도 영국 국교회를 반대하는 인물이거나 소규모 급진적 정치 활동에 몸담고 있다는 평을 받는 경우가 아니라면 말이지요. 그러므로 그녀가 생각하기를, 조지는 장교에 오르거나 일자리를 얻는 것을 방해받고, 캐롤라인은 천생연분의 상대와 결혼하는 것을 방해받고, 자신과 남편은 초대장이나 어쩌면 훈장을 받는 것을 방해받는다는 것입니다. 어느 모로 보나 자기들은 다른 사람들과 마찬가지로 충분한 자격이 있다고 보니까요. 모든 가정에서 이런 영향력이 적극적으로 발휘되는 상황에서 또는 표명되지는 않았지만 아주 강력하게 작용되고 있는 상황에서, 보통 사람들이 현대 사회의 두드러진 특성이 되고 있는 그저 그런 수준의 품위에 굴복하는 것이 과연 놀라운 일인가요?

직접적으로 여성의 능력 부족 탓은 아니지만, 그런 능력 부족으로 인해 남녀 사이의 교육이나 성격에서 광범위하게 차이가 생기는 것을 두고 고려해 봐야 할 아주 부당한 측면이 또 하나 있습니다. 이상적인 결혼 생활이 생각과 성향의 일치라고 한다면, 그것만큼 결혼 생활과 어울리지 않는 것은 없습니다. 극단적으로 이질적인 사람들끼리 친밀하게 어울려 지내는 일은 헛된 꿈일 뿐입니다. 이질적인 성향은 매력적일 수 있지만, 관계를 유지시키는 것은 동질성입니다. 서로 행복한 삶을 살게 해 주려는 개인의 적응력은 그 동질성에 비례합니다. 여성과 남성은 아주 다르기 때문에 이기적인 남성들이 성향 차이로 인해 평생 이어질 갈등을 사전에 차단하기 위해 모든 문제를 자기가 선호하는 쪽으로 결정할 수 있는 자의적 권한을 손에 넣으려고 하고, 남성이 그런 필요성을 느낀다는 것이 놀라운 일도 아닙니다. 극단적으로 이질적인 사람들 사이에는 진정한 의미의 이해관계라는 것이 있을 수 없습니다. 결혼한 사람들 사이에서 의무라는 고차원의 문제를 두고 양심적인 의견 차이를 보이는 일이 아주 흔합니다. 의견 차이가 발생하는 것이 결혼 생활의 현실일까요? 이는 여성의 성격에서 진술한 면이 있는 경우라면 어느 곳에서든 드물지 않은 일입니다. 사실 가톨릭 국가에서는 아주 흔한 일입니다. 가톨릭 국가에서는 여성에게 남편 이외에 유일하게 복종하라고 가르치는 대상, 즉 신부가 여성이 다른 의견을 내는 것을 지지합니다. 평소 그 권력의 민낯을 드러내도 논쟁의 대상이 되지 않는 신부들이 여성에게 미치는 영향을 두고 개신교와 자유주의 논객들이 공격합니다. 신부라는 존재 그 자체가 나쁘다기보다 남편의 권위에 대항하고 남편의 무류성에 반발하도록 부추긴다는 이유입니다. 영국에서는 복음주의 교파의 여성이 다른 교파의 남성과 결혼할 때 종종 유사한 차이들이 생깁니다. 하지만 적어도 이런 원인에서 비롯된 의견 차이는 여성이 사회의 평판이나 남편이 요구하는 의견에 맞추며 자신의 생각을 포기함으로써 대체로 없어지고 있습니다. 의견 차이는 없지만 단지 취향의 차이만으로도 결혼 생활의 행복이 크게 흔들릴 수 있습니다. 남녀의 타고난 차이가 무엇이든지 간에 서로 다른 교육으로 그 차이를 강조하는 것은 남성의 성적 성향을 자극할 수는 있겠지만 행복한 결혼 생활에는 도움이 되지 않습니다. 만약 결혼한 커플이 교육을 잘 받고 예의바른 사람들이라면 서로의 취향을 너그럽게 보아줄 겁니다. 하지만 두 사람이 결혼할 때 사람들이 기대하는 것이 상대방의 관용일까요? 이런 성향의 차이는 애정이나 의무감으로 억제되지 않는 한 자연스럽게 거의 모든 집안 문제에 대한 서로 다른 기대감으로 나타납니다. 결혼한 부부 사이에도 그렇게 빈번하게 의견 차이가 있다면 사회에는 얼마나 엄청난 의견 차이가 있겠습니까? 누구나 자신의 취향을 공유할 사람들을 찾기를 바랄 겁니다. 하나의 취향에는 동조하는 사람도 다른 취향에는 무관심하거나 전혀 동조하지 않을 수 있습니다. 하지만 둘 다 동조하지 않는 경우는 있을 수 없습니다. 왜냐하면 오늘날 결혼한 사람들은 루이 15세의 시절처럼 집안에서 서로 다른 곳에 지내며 완전히 다른 사람들을 접하며 살지는 않기 때문입니다. 부부는 자녀 양육에 대해서 다른 뜻을 가질 수밖에 없습니다. 즉 각자 자신의 취향이나 감성이 자식에게서 재현되기를 바랍니다. 따라서 타협을 해서 어느 한쪽이 절반의 만족에 수긍하거나 흔히 아내가 양보해야 하는 쓸쓸한 경우가 벌어집니다. 그리고 스스로 의도했건 아니건, 아내는 그 신비로운 영향력을 계속해서 남편의 목적과는 반대되는 방향으로 미칩니다.

이런 감정과 성향의 차이는 여성이 남성과는 다른 방식으로 양육되기 때문에 존재할 뿐이라고 생각하며, 또한 어떤 환경에서도 취향의 차이는 없을 것이라고 생각한다면 지극히 어리석은 일이라고도 생각합니다. 하지만 양육 환경의 차이가 그런 차이를 더욱 심화시켜서 도저히 어쩔 수 없게 만든다고 말한다고 해서 지나친 점은 전혀 없습니다. 여성이 지금처럼 양육된다면 남성과 여성은 취향이나 일상생활에서 기대하는 바에 있어서 서로 일치하는 점을 좀처럼 찾을 수 없을 겁니다. 여성들은 일반적으로 그런 공통점은 가망 없다고 포기해야 하고, 일상생활에서 친밀한 관계에 있는 사람들끼리 같은 것을 원하고, 같은 것을 원하지 않는 것[74], 즉 어느 사회에서나 실제 그렇게 공인된 유대감을 가지려는 시도를 그만둘 수밖에 없습니다. 혹시 남성이 그런 공통점을 찾는 데 성공했다면, 그것은 원하거나 원하지 않는 것이 전혀 없이 누구든지 그렇게 하라고 하면 언제든지 따를 수 있는 여성을 선택했기 때문입니다. 하지만 이런 계산도 틀릴 수 있습니다. 둔감하고 활력이 부족하다고 해서 그런 여성들이 반드시 순종적이라는 의미는 아니니까요. 설령 그렇다고 해도 과연 이것이 이상적인 결혼입니까? 이 경우에 남성은 상급의 하인이나 보모 또는 정부를 제외하고 무엇을 얻을 수 있을까요? 그와 반대로 부부 각자가 서로에게 보잘것없는 존재가 아니라 중요

---

[74] 밀은 라틴어 경구, *'idem velle idem nolle'* 로 표현했다.

한 존재이고, 처음부터 서로에게 끌리고 다른 점이 많지 않은 경우, 공감에 의존해서 동일한 일에 계속해서 함께 동참한다면 처음에는 상대방만 관심을 가지고 있던 일에 자신도 관심이 생기면서 숨겨진 성향을 끌어내게 됩니다. 그리고 자신도 모르게 서로에게 맞춰가면서도 각자 자신만의 취향과 재능 이외에 상대방의 취향과 재능도 습득하면서 두 사람의 성향이 풍부해짐으로써 그 취향과 성격이 점차 서로 닮아가게 되지요. 이것은 일상생활에서 매우 친밀하게 지내는 두 동성 친구 사이에서 자주 일어나는 일입니다. 그리고 결혼생활에서도 비교적 흔한 일이어서 완전히 다른 방식으로 자란 부부가 실제로는 잘 어울리는 한 쌍이 될 수 있는 것이지요. 이 문제가 해결된다면 개인적인 취향에서 여전히 차이가 있다고 해도 적어도 일반적으로는 삶의 중대한 목적에 있어서 두 사람이 완전한 일치와 합의에 이를 수 있을 겁니다. 부부 두 사람 다 중대한 목표에 신경 쓰고 그와 관련해서는 무엇이든 서로 도와주고 격려한다면, 취향이 다를 수 있는 사소한 문제는 두 사람에게 전혀 중요한 일이 아닙니다. 다른 그 무엇보다 평생 상대에게 즐거움을 주는 것이 받는 것보다 훨씬 더 큰 기쁨이 됩니다. 그리고 그것이 굳건한 우정과 변치 않는 성격의 토대가 되는 것이지요.

지금까지 남편과 아내 사이의 단순한 차이가 결혼생활의 즐거움과 이익에 미치는 영향을 살펴봤습니다. 하지만 그 차이점이라는 것이 다름 아닌 열등함일 경우 부정적인 면이 엄청나게 가중됩니다. 반대로 단순한 차이가 단지 좋은 자질의 차이라는 의미일 뿐이라면 평온한 결혼생활에 방해가 된다기보다는 두 사람의 발전하는 방향으로 도움이 될 것입니다. 부부가 상대방의 독특한 자질을 흉내 내고 습득하려고 노력한다면, 그 차이점이라는 것은 이해관계의 차이를 유발하지 않고 동질성을 높이며 각자가 서로에게 더욱 소중한 사람이 되게 해줍니다. 그렇지만 둘 중 한 사람이 정신 능력과 교양에서 매우 열등한 처지에 있고 상대방의 도움을 받아 그 월등한 수준에 이르려는 시도를 적극적으로 하지 않을 경우, 이런 부부 관계가 우월한 상대의 발전에 미치는 영향은 부정적입니다. 그리고 이런 경향은 불행한 결혼생활보다는 그럭저럭 행복한 결혼생활에서 더욱 두드러지게 나타납니다. 지적으로 우월한 사람이 열등한 상대에게 전혀 관심을 갖지 않으면서 그 열등한 상대를 자신이 선택했지만 그저 대단히 가까운 동료 정도로만 여긴다니 벌을 피할 수 없지요. 어느 사회나 발전하지 않으면 퇴보하고 있는 것이며, 사회가 발전할수록 인간관계는 더 긴밀해지고 친숙해집니다. 아무리 뛰어난 사람이라고 해도 습관적으로(말 그대로 말이지요) 자신의 무리에서 왕의 위치에 있으면 거의 틀림없이 타락하기 시작합니다. 자신보다 열등한 아내를 둔 남편은 그런 습관적인 처지에 가장 손쉽게 빠지는 사람입니다. 그의 자기만족은 끊임없이 채워지겠지만, 다른 한편으로 자신보다 훨씬 천박하거나 편협한 사람에게나 어울리는 감정이나 사고방식을 부지불식 받아들입니다. 이런 해악은 점점 커진다는 점에서 지금까지 존재했던 대부분의 폐해와 다릅니다.

일상생활에서 남성과 여성의 관계는 과거 어느 때보다도 훨씬 가깝고 완전한 상황입니다. 남성의 삶은 더욱 가정 중심적이 되고 있습니다. 과거 남성은 남성들끼리 어울리며 남성들 사이에서 즐거움을 얻고 직업을 선택했습니다. 남성의 삶에서 아내는 하나의 조각에 지나지 않았습니다. 오늘날에는 문명의 발전과 함께 과거 상당수 남자들의 휴식 시간을 차지했던 음란한 유흥과 과도한 여흥 문화에 대한 여론의 평가가 바뀌었고, 여기에

(이 말은 반드시 해야겠습니다) 아내에 대한 남편의 의무 역시 강조하는 현대인의 변화된 의식이 더해져서 남성은 개인적 · 사회적 쾌락을 얻기 위해 가정과 배우자에게 훨씬 더 많이 의존하게 되었습니다. 그러는 한편 여성 교육의 수준과 유형이 발전하면서 여성들은 생각이나 정신적 취향에 있어서 어느 정도 남성을 상대할 수 있는 수준이 되었지만, 여전히 대부분의 경우 여성들은 절망적일 정도로 열등한 처지에 놓여있습니다. 그래서 정신적 교감을 나눌 상대를 원하는 남성의 욕망은 자신이 아무것도 배울 것이 없는 상대를 통해 대체로 충족되고 있습니다. 대등한 권한을 가진 동료나 더 높은 목표를 추구하는 동료와의 관계를 발전도 없고 자극도 없는 동반자 관계가 대신 차지하고 있는 셈입니다. 따라서 엄청난 잠재력을 가진 젊은 남성이 결혼하자마자 발전이 멈추고 발전은커녕 필연적으로 퇴보되는 경우를 보게 됩니다. 만약 아내가 남편이 앞으로 나아가도록 밀어주지 않는다면 항상 방해하고 있는 것과 다를 바 없다는 것입니다. 아내가 관심을 갖지 않는 일에 그도 관심을 갖지 않게 됩니다. 과거 자신의 열망을 충족시키기에 적합했던 모임도 더 이상 애정을 느끼지 않고 끝내 싫어하거나 피하면서 이제는 자신이 원했던 것이 줄어든다는

사실을 수치스럽게 여깁니다. 마음과 정신의 고결한 능력도 더 이상 제 역할을 하지 않습니다. 이런 변화는 가족 때문에 생긴 새롭고 이기적인 인간관계와 맞닿아 있어서 그렇게 몇 년이 지나면 그 남성은 흔한 자랑거리나 금전적인 일 외에는 아무것도 바라지 않는 사람들과 세속적인 면에서 전혀 다를 바 없어집니다.

능력과 소양을 갖추고 생각과 목표가 같은 두 사람이 대단히 평등한 관계를 유지하며, 능력과 재능의 우월함도 서로 비슷해서 각자 상대를 충분히 존경할 수 있고, 자기 발전의 과정에서 자신이 주도를 하거나 상대방의 주도를 받을 수 있는 즐거움을 번갈아 누릴 수 있다면, 나는 이 두 사람의 결혼생활이 어떨지 설명하지 않겠습니다. 이런 결혼생활을 상상할 수 있는 사람이라면 굳이 설명할 필요도 없고, 그런 상상을 할 수 없는 사람에게는 결혼 제도를 열렬히 지지하는 이의 망상처럼 보일 테니까요. 하지만 마음 가장 깊숙한 곳에 자리한 신념에 따라 나는 이것, 오직 이것이야말로 이상적인 결혼생활이라고 주장하는 바입니다. 이와 다른 모습의 결혼생활을 옹호하거나 이상적인 모습의 결혼생활과 관련된 관념이나 소망을 다른 방향으로 이끄는 모든 생각이나 관습, 제도는 아무리 그럴듯한 변명으로 윤색하더라고 원시시대의 야만적인 풍습의 잔재일 뿐입니다. 인류의 도덕적 부활은 가장 기본적인 사회관계가 공평한 정의의 법칙에 따르고 사람들이 자신과 동등한 사람의 권리와 소양에 대해 가장 강력한 동정심을 키우는 법을 배울 때 비로소 시작될 것입니다.

우리는 지금까지 남녀의 결합을 특권에 대한 실격 사유나 복종의 증표가 되는 것을 막음으로써 세계가 얻게 될 이득을 개인적 측면보다는 사회적 측면에서 살펴봤습니다. 즉 전체적으로 사고력과 행동 역량이 증대되고, 남녀 관계의 전반적인 상황이 개선되는 효과가 있다는 것을 말이지요. 하지만 무엇보다 가장 직접적인 이득 ― 말하자면 자유로워진 인류의 절반이 누리게 될 개인적인 행복이라고 하는, 말로 다 표현할 수 없는 이득 ―을 빠뜨리는 것은 그 이득을 철저히 과소평가하는 일입니다. 다른 사람의 의지에 따라 사는 것과 합리적인 자유를 누리며 사는 것에는 차이가 있기 때문입니다. 음식물과 의복이라는 기본적인 필수품 다음으로 인간 본성에 있어 가장 강력하게 필요한 것이 바로 자유입니다. 인간이 무법천지에서 지낼 때는 법의 구속을 받지 않는 자유를 갈망합니다. 그러나 사람들이 의무의 의미와 이성의 가치에 대해 이해하게 되면 자유를 행사함에 있어서 의무와 이성에 의해 점점 더 좌우되고 제약받는 경향이 나타납니다. 그렇다고 그들이 자유를 덜 원하는 것은 아닙니다. 그들은 자기 행동을 이끄는 그런 원리들의 해석자나 대리인으로 타인의 의지를 무조건 받아들이려 하지 않습니다. 오히려 그 반대로 이성이 가장 발달되고 사회적 의무의 개념이 가장 확고한 사회는 개인행동의 자유, 즉 각자가 자신의 의무감에 따르거나 자신의 양심이 동의할 수 있는 법률과 사회적 제약에 따라 나 자신의 행동을 규제하는 자유를 가장 강력하게 옹호합니다.

행복의 한 요소로서 개인의 독립성이라는 가치를 제대로 이해하려는 사람이라면 자신을 구성하는 한 가지 요소로서 그것에 스스로 부여한 가치를 생각해야 합니다. 한 사람이 자신에 대해 내리는 판단과 타인에 대해 내리는 판단만큼 습관적으로 커다란 차이가 나는 것은 없습니다. 다른 사람들이 행동의 자유가 없다고, 즉 스스로의 행동을 규제하는 데 있어서 자신의 의지가 충분한 영향을 미치지 못했다고 불평하는 것을 들을 때, 판단을 내리는 사람은 이렇게 물을 겁니다.

— 도대체 뭐가 불만인 거야? 그래서 실제 얼마나 피해를 입었다는 거야? 어떤 점에서 자기 문제가 잘못 다뤄졌다고 생각하는 거야?'

만약 이런 질문에 대해 사람들이 충분한 답변을 내놓지 못한다면, 그는 귀를 닫고 그들의 불평을 합리적인 방법에 만족할 수 없는 사람들의 터무니없는 짜증이라고 치부할 겁니다. 그렇지만 자신을 위해 결정을 내릴 때는 전혀 다른 판단 기준을 적용합니다. 그래서 자신의 후견인이 더할 나위 없는 방식으로 자신의 이해관계를 잘 처리해 주었다고 해도 성에 차지 않습니다. 무엇보다도 본인의 문제를 결정하는 일에서 자신이 배제되었다는 사실 자체가 가장 큰 불만인 까닭에 일을 잘 처리했는지 문제 삼는 것조차 쓸데없는 일이라고 생각하는 거지요. 국가의 경우도 마찬가지입니다. 자유국가의 시민이라면 자유를 포기하는 대가로 올바르고 능숙하게 통치하겠다는 국가의 제안에 귀를 기울이려 할까요? 설령 그 사람이 시민들의 의지가 아닌 한 사람의 의지로 다스리는 국가에서 올바르고 능숙한 통치가 실재할 수 있다고 믿는다 해도, 자신의 도덕적 책임 아래 자기 운명을 개척한다는 의식이 공적인 문제가 아주 어설프고 불완전하게 처리되고 있다는 불안감을 상쇄시키지 않겠습니까? 이 점에 대해 남성이 어떻게 느끼든 여성들도 아주 똑같이 느낀다는 것을 확실히 해둘 필요가 있습니다. 헤로도토스[75]의 시대부터 지금까지 자유 정부가 미치는 고상한 영향, 가령 인간이 가진 모든 능력에 대담함과 활력을 부여하고, 지성과 감성의 측면에서 더 크고 높은 목표를 제시하고, 더 이타적인 공공 정신과 더 냉정하고 폭넓은 의무감을 불러일으키고, 개인을 도덕적·정신적·사회적 존재로서 성장시키는 더 고결한 토대를 마련한다는 등 그 영향에 대해 말이나 글로 많은 주장이 이어졌지만, 그 모든 영향은 남성과 마찬가지로 여성에게도 해당되는 것입니다. 이런 것들이 개인의 행복에서 중요한 부분이 아니겠습니까? 어떤 남성에게든, 애정이 넘치는 따뜻한 어른들의 보호와 관리를 받던 소년기에서 벗어나 성인으로 책임을 짊어지는 시기로 들어섰을 때 기분이 어땠는지 기억을 되살려 보라고 해 봅시다. 무거운 것을 내려놓거나 혹은 비록 고통스럽지는 않아도

---

[75] Herodotus 484~425. 고대 그리스의 역사가. 서양 문화에서 그는 '역사학의 아버지'로 여겨진다.

자신을 가로막는 속박에서 벗어날 때 느끼는 신체적 효과 같은 것이 아니었을까요? 이전보다 두 배나 더 생동감을 느끼고 두 배나 더 인간답다고 느끼게 되지 않았을까요? 그러면서도 여성들은 이러한 감정을 아무것도 느끼지 못한다고 생각하는 것입니까? 놀라운 사실은 개인의 자존심 면에서 만족스럽거나 수치스러운 문제에 대해 대체로 상당수의 남자들은 그것이 자신이 아닌 다른 사람들의 일이라면 그다지 아량을 베풀지 않는다는 점입니다. 또한 인간이 느끼는 다른 자연스러운 감정 문제에는 그러지 않으면서 자존심 문제가 걸린 행동의 근거나 정당성에 대해서는 귀를 기울이려 하지 않는다는 것입니다. 아마도 남성은 자신의 문제인 경우에는 온갖 특성을 언급하며 그럴듯한 포장을 하는 나머지 이런 감정들이 자신의 삶에 얼마나 강력한 영향을 미치는지 의식하지 못하기 때문일 겁니다. 이런 부분은 여성의 삶과 감정에 있어서도 결코 작거나 미약하다고는 할 수 없습니다. 여성들은 자신의 삶과 감정을 가장 자연스럽고 건전한 방향으로 억누르도록 교육을 받고 있지만, 그 내면의 원칙은 다른 형태로 여전히 남아 있습니다. 활동적이고 정력적인 사람이 자유를 부정당하면 권력을 추구하게 됩니다. 스스로 알아서 하려는 시도를 거부당하면 다른 사람을 지배하려는 시도를 통해 자신의 존재감을 주장하려 합니다. 누구든지 자기 자신의 삶이 아닌 다른 사람에게 의지하는 삶을 살다 보면 오히려 다른 사람들을 자신의 목적에 따르도록 강요하는 것이 훨씬 더 낫게 보입니다. 자유는 바랄 수 없고 권력만 기대할 수 있는 곳에서 권력은 인간에게 가장 큰 욕망의 대상이 됩니다. 자신의 문제를 누구의 방해도 받지 않고 처리할 수 있는 상황이 아닌 경우, 할 수 있다면 자신의 목적을 위해 다른 사람의 일에 간섭함으로써 보상받으려 합니다. 여성이 용모를 가꾸고 옷과 치장에 지나치게 신경을 쓰면서 과도한 사치와 사회적 타락이라고 할 만한 온갖 부정적인 일이 벌어지는 것도 마찬가지입니다. 권력을 사랑하는 것과 자유를 사랑하는 것은 영원히 적대적인 관계에 있습니다. 자유가 없는 곳에서는 권력에 대한 욕구가 가장 열렬하고 무분별하게 나타납니다. 다른 사람에게 권력을 행사하려는 욕구는 각자가 권력 없이도 살 수 있을 때, 즉 각자의 개인적 관심사를 자유롭게 존중하는 것이 하나의 확고한 원리로 세워졌을 때만 사람들 사이에서 부정적인 요인이 되지 않습니다.

한편 개인의 행복은 자기 존엄성을 통해서만 얻는 것이

아닙니다. 자신의 능력을 자유로운 방향으로 마음대로 펼칠 수 있는 것도 개인적 행복의 원천이 되며, 이를 가로막거나 제한하는 것은 불행의 단초가 됩니다. 여성의 경우도 마찬가지입니다. 질병, 빈곤, 범죄 행위를 제외한다면, 자신의 능력을 적극 발휘할 수 있는 적절한 출구가 없는 것만큼 삶의 즐거움에 치명타를 가하는 것은 없습니다. 집안 살림을 도맡아 하는 여성의 경우에는 집안일을 하는 동안에는 그렇게라도 능력을 발휘할 출구가 있어서 충족시켜 주지만, 비록 놀림을 받더라도 자신에게 어울리는 일을 할 기회조차 없이 그 수가 점점 큰 폭으로 늘어나는 수많은 여성은 어떻게 해야 합니까? 자녀가 죽거나 멀리 떨어져 있거나 혹은 다 커서 결혼하고 가정을 꾸린 경우의 여성들은 어떻게 해야 합니까? 평생 일에만 몰두했다가 은퇴해서 바라던 대로 휴식의 즐거움을 여유롭게 즐기는 남성들 가운데 과거의 일을 대체할 새로운 관심사나 흥밋거리를 찾지 못한 나머지 삶이 무료하게 변하면서 권태와 우울감에 빠져 너무 이른 나이에 죽음을 맞이하는 사례가 많습니다. 그럼에도 불구하고 훌륭하고 헌신적인 수많은 여성이 그와 유사한 처지에 있다고 생각하는 사람은 아무도 없습니다. 이 여성들은 자녀들을 나무랄 데 없이 뒷바라지해서 성인으로 키웠거나, 살림을 해야 하는 동안은 제대로 살림을 했습니다. 그러나 여성들은 이른바 사회에 진 빚을 갚고 나면 이제껏 해 온 유일한 직업을 버려야 하고, 혹여 딸이나 며느리가 호의를 베풀어 자신의 살림에서 비슷한 일거리를 주지 않는 한, 활동 능력은 그대로이지만 아무런 할 일이 없어집니다. 명예롭게 물러난 노년의 여성들에게는 분명 가혹한 일이었습니다. 세상에서 그들에게 유일한 사회적 의무로 부여한 일에서 물러나야 하는 것이었으니까요. 이런 여성들과 그런 의무가 전혀 주어지지 않은 여성들 가운데 상당수는 자신의 일이 없다는 데서 좌절감을 느끼고는 부담 없이 할 수 있는 활동을 절실하게 찾습니다. 일반적으로 봤을 때, 그들에게 어울리는 것은 종교와 자선 활동밖에 없습니다. 그들의 종교는 일종의 감정적인 행사이거나 의식적인 행사이기는 하지만, 자선 활동의 형태가 아니라면 행동을 하는 종교가 아닙니다. 자선 활동이 많은 여성에게 선천적으로 잘 어울리는 일이란 것은 분명하지만, 제대로 하거나 특히 해를 끼치지 않으려면 관리자에게는 교육과 다방면에 걸친 준비, 지식과 사고 능력이 요구됩니다. 운영 관리 역할에 어울리지 않는 사람이 자선 활동에 적합할 리는 없습니다. 다른 경우(특히 아이들의 교육 문제는 말이지요)와 마찬가지로 이 경우에도, 여성에게 주어진 의무라고 해서 교육을 받지 않는다면 제대로 실행할 수 없지만, 여성에게 그런 기회는 주어지지 않습니다. 이는 사회에 커다란 손해일 뿐입니다.

여기서 여성이 무능하다는 쟁점이 흔히 제기되는 기이한 방향에 대해 살펴보고 가야겠습니다. 그런 쟁점을 제기하는 사람들은 그 논리적 근거를 내놓기보다는 자신들이 좋아하지 않는 여성의 한 측면을 우스꽝스럽게 묘사하는 것을 더 쉽게 생각합니다. 국정 운영에 있어 때로 여성의 행정 능력과 사려 깊은 자문이 유용할 수 있다는 주장이 나오면, 유치한 발상을 즐기는 사람들이 조롱하기를, 의회나 내각에서 10대 소녀들이나 20대의 젊은 아내 두세 명이 응접실에 앉아 있는 모습 그대로 하원의사당에 몸만 이동해 있는 것과 다를 바 없다고 합니다. 그들은 남성들도 보통은 그렇게 어린 나이에 의회에 진출하거나 정치적 책임이 따르는 자리에 선출되지 않는다는 사실을 잊고 있습니다. 만약 여성도 그런 신뢰를 얻을 수 있다면 결혼 생활을 특별한 천직으로 여길 필요가 없거나 자신의 능력을 발휘할 수 있는 다른 직업을 생각할 수 있을 것이고(지금도 많은 여성이 결혼보다는 자신의 능력 내에서 손에 꼽을 수 있는 유망한 직업을 택하는 쪽을 선호합니다), 젊은 시절 한창일 때 자신이 하고 싶은 일에 적합한 자격을 갖추기 위해 노력하거나, 아니면 더 흔한 일이겠지만 40-50대의 과부나 아내들이 집안일을 하면서 습득한 관리 능력이나 인생 경험에 더해 적당한 학습의 도움을 받으면 그보다 낮은 단계에서 일하는 것도 불가능한 일은 아니라고 말하는 것이 상식적이겠지요. 유럽에서는 어느 나라에서나 가장 유능한 남성들이 공사 구분 없이 자신의 목적을 달성하는 과정에서 흔히 현명하고 노련한 여성들의 조언과 도움을 받고 그 중요성을 제대로 이해하고 있습니다. 게다가 중요한 행정 업무, 특히 자금 지출을 꼼꼼하게 관리하는 일의 경우에 여성만큼 유능하게 처리하는 남성이 거의 없습니다. 하지만 지금 우리가 논의하고 있는 것은 공공 업무를 실시하는 데 있어 여성의 참여가 필요하다는 점이 아닙니다. 어떤 여성들에게는 결코 열려 있던 적이 없고 다른 여성들에게는 더 이상 기회가 없는 분야보다 더 폭넓은 분야에서 수많은 여성이 자신 있어 하는 실무 능력을 발휘하는 것을 일절 금지해 놓고서는, 그들이 권태롭고 희망 없는 삶을 살고 있다고 비난하는 것을 논의하고 있는 중입니다. 인간의 행복에 있어서 정말로 중요한 것이 있다면 자신이 평상시 하고 싶은 일을 즐기는 것입니다. 그렇지만 인류의 대부분은 이 즐거운 삶의 필수조건이 매우 불완전하게 허용되거나 완전히 거부된 처지입니다. 이 필수조건이 없는 탓에 많은 이의 삶이 실패에 이르게 됩니다. 겉으로 보기에는 성공의 모든 필수조건을 갖추고 있는데도 말이지요. 만약 사회가 아직 환경을 극복할 정도로 성숙하지 않아서 그런 실패가 현재로서는 불가피하다면, 사회 스스로 그런 실패를 유발하지 말아야 합니다. 부모는 무지하고 젊은이 자신은 경험이 미천해서 또는 자신에게 맞는 일을 할 수 있는 외부 기회가 없어서 마음에 맞지 않는 일을 하는 바람에, 수많은 남성은 그 일을 마지못해 대충하면서 인생을 허비합니다. 다른 일이 있었다면 즐겁게 잘할 수 있었을 테지요. 하지만 여성에게는 이런 결정이 실정법이나 법에 상응하는 관습에 의해 강요됩니다. 미개한 사회에서는 피부색, 인종, 종교가, 피정복국가에서는 국적이 일부 남성에게 제약이 되지만, 모든 여성은 그 성별 때문에 제약을 받습니다. 남성들이 할 수 없는 일이나 바람직하게 생각하지 않는 일을 제외한 거의 모든 유망한 직업에서 여성들은 무조건적으로 배제됩니다. 이런 사정으로 인해 여성이 겪는 고통은 거의 공감을 얻지 못하고 있으며, 지금도 많은 여성이 인생을 허비하고 있다는 자괴감으로 크나큰 불행에 빠져 있다는 사실을 아는 이들은 거의 없습니다. 문명이 발달함에 따라 사회가 여성의 사회 활동을 허용하는 범위와 여성에 대한 편견과 능력 사이의 불균형이 더욱더 커지면서 이런 현상은 더욱 두드러질 것입니다.

인류의 절반을 차지하는 사람들을 무능력하다고 차별함으로써 발생하는 명백한 해악들 — 먼저 대단히 고상한 종류의 개인적인 즐거움을 잃게 되고 그로 인해 삶에 대한 싫증, 실망, 심각한 불만족이 그 즐거움의 자리를 자주 대신하게 되는 것 —을 생각해 볼 때, 지구에서 살아가는 인간의 그런 필연적인 불완전함에 맞서 싸우기 위해서는, 남자들의 질투와 편견으로 여성을 구속한 그런 해악을 더하지는 말자는 것, 이것이 필요한 온갖 교훈들 중에서 가장 필요한 교훈입니다. 그들의 쓸데없는 공포는 제대로 파악하지 못한 해악을 더 나쁜 해악으로 대체할 뿐입니다. 그들이 자신들과 같은 인간인 누군가의 행동의 자유에 가하는 온갖 제한은 (그 제한으로 인해 실제 야기되는 모든 해악에 대해 책임을 지지도 않으면서 말이지요) 인간 행복의 근원까지 고갈시켜 버리고,

각 개인의 삶을 가치 있게 하는 모든 것을 보잘것없을 정도로 빈약한 상태로 만들어 버립니다.

편집후기

편집자들은 어떤 의도로
이 책을 기획하고
편집했던

것
일
까
?

마담쿠: 먼저 이 책을 번역하신 정미화 선생님의 역자 후기를 독자 여러분에게 소개합니다.

존 스튜어트 밀이라고 하면 누구나 가장 먼저 '공리주의'를 떠올리기 마련이고, 인터넷 검색만 해도 여러 출판사에서 내놓은 그의 저서 <공리주의>를 확인할 수 있다. 그러나 부끄럽게도 나는 <여성의 종속>이라는 책을 이번에 처음 알았다. 타인의 행복이라는 주제에 천착했던 밀의 입장에서 세상의 절반을 차지하는 타인, 즉 여성의 문제에 관심을 가졌던 것은 어쩌면 당연한 수순이었을 것이다. 결혼 생활을 둘러싼 모순부터 교육, 직업 선택, 사회적 역할, 예술적 성취 등에 있어 남녀 간의 차이가 나타날 수밖에 없는 구조적 불합리성까지 구체적인 예를 들어가며 조목조목 비교 지적하고, 더 나아가 여성 해방이 남성에게도 구원이 될 수 있다는 밀의 주장은 그 논리 정연함은 말할 것도 없고 무려 1800년대에 나왔다는 점에서 대단히 놀라웠다. 남녀 관계를 종속 관계로 보고 이를 당연하게 여긴 사회 분위기 속에서 자신의 주장이 결코 쉽게 받아들여지지 않을 것임을 알고도 그것을 꿋꿋하게 펼쳐내는 모습이 한편으로는 안타깝기도 했다. 남녀 화합이 아닌 남녀 대립 구도가 점점 더 심해져 가는 지금의 우리 사회에서 누군가 선뜻 자신의 의견을 밝혔다가 그 의도나 정당성과는 관계없이 무차별적으로 비난당하는 모습이나, 그와 반대로 지레 겁을 먹고 몸을 사리는 모습이 떠올랐기 때문이다.

세상에 나온 우리는 남녀 대립이 아닌 남녀 화합의 결과물이다. 그렇다면 얼토당토않은 주장으로 대립을 부추길 것이 아니라 어떻게 하면 잘 화합할 수 있을지를 고민하는 것이 우리에게 필요한 수순이 아닐까? '우리끼리 이렇게 얘기해 봐야 무슨 소용이야?' 혹은 '여자들끼리 하는 말을 들어 봐야 무슨 소용이야?'라고 생각하는 사람들에게 <여성의 종속>을 추천하고 싶다. 전자는 애정 어린 위안을, 후자는 냉철한 충고를 얻을 거라고 생각한다. 200여 년 전의 한 공리주의자로부터 말이다(2022년 봄, 정미화).

코디정: 밀 아저씨는 보면 볼수록 놀랍습니다. 우리가 〈공리주의〉를 출간했잖아요. 편집자가 돼서 저자가 말하려는 메시지도 제대로 모른다고 할 수 없으니 그때는 정말이지 수십 번을 읽었습니다. 정미화 번역가의 탁월한 번역을 감탄하면서요. 처음 읽었던 순간이 너무 인상적이었어요. "최대 다수의 최대 행복" 혹은 "질적 공리주의", 딱 이 정도의 상태로 출발했다가 막상 번역을 보고는 밀 아저씨의 지혜에 깜짝 놀란 거죠. 그 폭과 깊이에.

마담쿠: 네. 편집자와 독자를 아주 겸손하게 만들었습니다. 배움을 얻었고 덕분에 칸트 할아버지의 철학까지 덤으로 이해할 수 있었어요.

코디정: 〈공리주의〉를 편집하면서 밀 아저씨의 지식 세계에 관심이 커졌어요. 저는 이분이 마치 근시를 가진 사람에게 필요한 안경 같은 존재라는 생각이 들기도 했어요. 이런 생각과 논의 끝에, 우리가 이분의 저작을 시리즈로 '제대로' 번역해서 한국 독자들에게 선보이자는 기획을 했습니다.

마담쿠: 네. 하지만 밀의 영어 문장이 길고 복잡해서 번역이 어려웠어요. 왜냐하면 이 책은 그야말로 '책에 미친' 19세기 영국인을 위한 책이었거든요. 그걸 21세기 한국어로 번역하자니, 단순히 '한국어로 옮겨 냈다'는 것만으로는 부족했지요. 19세기 감성이 21세기로 옮겨가는 과정에서 밀이 전하려는 의미가 상실된다면 그 의미는 독자에게 전해지지 않을 테니까요. 어쩌면 잘못 전해질 수도 있고요. 하지만 그걸 감안해서 글자 하나하나를 담다 보면, 결국 독자는 당최 무슨 말인지 모르겠다면 책을 덮습니다. 언어는 변하는 데다가 거기에 더해 사람들의 언어감성, 이해수준, 그리고 인내심까지 변하니까요. 물론 책을 읽는 환경도 바뀌어 있고요. 이 사이에 끼어 편집 과정에서 애를 먹었습니다. 물론 이

문제가 비단 이 책만의 이야기는 아니지만요.

코디정: 네. 하지만 다행히도 우리는 정미화 번역가를 만났잖아요? 처음 번역본을 읽으면서 엄청 감탄했어요. 번역가가 우리 기획의 의도를 아주 정확히 간파했구나 싶었죠. 탁월한 한국어였습니다. 이분의 장문구사력은 정말이지 믿기지 않을 정도입니다. 대체로 우리말의 장문은 다양한 문제를 야기하거든요. 주어와 서술어의 불일치가 생긴다든지, 주어와 술어 사이의 간격이 너무 멀어서 의미가 모호해진다든지, 여러 개의 주어와 여러 개의 서술어가 한 문장 안에서 충돌한다든지 해서 나도 모르게 거북해지게 마련인데, 정미화 번역가의 특유의 장문에서는 그런 게 거의 발생하지 않고 모든 게 자연스럽게 이어집니다. 믿을 수 없는 수준이었어요.

마담쿠: 편집자라면 단순히 번역문만을 읽는 게 아니라 원문도 함께 봐야 하잖아요. 생각보다 번역문과 사뭇 다른 뉘앙스를 지닌 원문을 발견하기도 하니까요.

코디정: 맞아요. 하지만 정미화 번역

가의 번역이란, 어떻게 설명해야 할까요. 야구로 예로 들자면, 포수 글로브 안으로 직구를 던지는 정통파 투수의 정면승부 같은 번역입니다. 빠르고 깔끔해요. 좀처럼 변화구를 던지지 않아요. 고전 번역책을 읽다 보면 번역가가 원문의 문장을 어림짐작으로 번역하는 경우가 매우 흔하거든요. 자기 견해를 함부로 섞어가면서 번역하기도 하지요. 그러면서 문장이 꼬이고 의미가 뒤틀리면서 결국 읽을 수 없는 번역이 되고 맙니다. 이분은 그런 게 없어요. 어림짐작으로, 구렁이 담 넘어가듯 번역하지 않습니다. 아주 철저한 방식으로 원문을 한국어로 옮겼어요. 원문이 길면 번역문도 긴 장문을 뽑습니다. 저자가 원문에 어느 정도의 감정을 넣었다면 번역문에도 딱 그 정도의 감정을 넣어서 번역했어요. 원문과 같은 구조로 번역하면 독자가 의미를 놓칠 우려가 있는 경우에 한해 예외적으로 원문의 구조를 유연하게 바꿨어요. 마치 밀이 한국어로 저술하면 이렇게 저술했을 거라는 모범 답안 같았습니다.

마담쿠: 그만큼 독자에게는 좋은 선물이 되겠죠? 그렇다면 우리 편집자는

어떤 역할을 했을까요? 문장 다듬기? 오역 체크? 독자들이 궁금해할 것 같아요. 훌륭한 번역을 대하는 편집자의 작업은 어떻게 이루어지는지. 편집자는 대체 뭘 하는 사람들인지.

코디정: 번역가와 편집자는 말하자면 '교량건설자'입니다. 저자와 독자를 이어주는 다리를 만듭니다. 이때 번역가는 어쩔 수 없이 저자 편입니다. 저자의 생각을 다른 언어로 옮기는 작업을 해야 하니까요. 편집자는 어쩔 수 없이 독자 편입니다. 아무리 훌륭한 번역이라 해도 독자는 달리 생각할 수도 있으니, 독자의 관점으로 번역문을 살펴보는 것이지요. 내가 독자라는 생각으로 책을 읽다가, 의미가 매끄럽지 않다거나 조금이라도 이해가 가지 않으면 그 부분에서 원문과 비교합니다. 필요하다면 번역가에게 대체 표현 혹은 대체 문장구조를 제안합니다. 조사 하나만 수정하는 것만으로도 의미가 복원될 때도 있어요. 그런 사소한 사항도 번역가에게 제안합니다. 주석의 경우에는 편집자가 적극 참여합니다. 왜냐하면 번역가의 경우 저자 편에서 저자의 원문에 집중하느라, 독자 편에서 독자가 원하는 주석을 달기는 어렵

거든요. 그래서도 안 되고요. 그건 편집자의 역할이라고 생각해요. 시간을 많이 할애하면서 신중하게 조사해서 번역가의 주석을 보충합니다.

마담쿠: 주석을 다는 일이 생각보다 시간도 많이 들고 피곤한 일이잖아요? 일일이 확인도 해야 하고, 오탈자 같은 실수와는 비교가 되지 않으니 책임감도 무겁고요.

코디정: 맞아요. 그래서 이런 과정이 상당히 피곤하기 때문에, 어떤 편집자들은 '에이, 알아서 번역 잘 했겠지.' 하고 넘어갈 수도 있습니다. 하지만 저는 번역가가 아무리 번역을 잘 했더라도, 아니 번역을 잘 했으니까, 그 번역을 더 빛내 주고 싶은 마음이 큰 거예요. 아무튼 번역가가 노력한 만큼 우리 편집자도 노력해야 합니다. 어쩔 수 없는 편집자의 고단함이죠.

마담쿠: 〈여성의 종속〉은 뭐랄까, 1869년에 출간된 페미니즘책입니다. 처음 읽기 시작했을 때에는 '페미니즘의 출발선' 정도 되려나 싶다가 중간부터는 '페미니즘의 교과서인데?' 라고 생각했어요. 그러다가 마지막에는 '페미니즘의 역사서'구나! 하는 결론

을 내렸지요. 마치 이 단계가 없으면 지금의 페미니즘은 없었다, 라고 말하는 책 같았습니다. 그리고 동시에 저는 안도했어요. 요즘 시대는 공평과 공정의 관점에서 젠더의 차이를 따지는 게 상식에 맞지 않은 시대인데, 이런 시대에 19세기 페미니즘 고전을 내놓는다는 게 어떤 의미인지, 마음 속으로 우려가 많았거든요.

코디정: 하지만 우려는 기우에 불과했지요.

마담쿠: 그렇습니다. 놀랍게도 밀의 주장은 아직도 우리 사회에 적용됩니다. 150년을 뛰어넘는다는 게 불가능한 일인 줄 알았는데 밀은 불가능을 가능하게 만들더라고요. 물론 그것이 '여성의 종속'이라는 제목을 달고 있는 건 안타깝지만요.

코디정: 비단 여성의 문제 뿐일까요? 굳이 페미니즘이라는 키워드가 아니더라도 이런 책을 읽고 토론하는 것은 우리 인류가 어디에서 어떻게 여기까지 왔는지를 함께 공부하고 앞으로 어디로 나아가야 하는지 합의하는 과정이라고 생각해요. 저도 이번 책으로 굉장히 큰 의미를 '체험'했고요.

마담쿠: 어떤 체험이죠?

코디정: 책을 읽으면서 '시간의 지평선'이라는 단어가 떠올랐어요. 과거와 현재와 미래라는 구별이 사라지고 그저 시간이 공간적으로 광대하게 펼쳐지는 장면을 떠올려 봤어요. 지금껏 지구에서 한 생을 살았던 모든 여성이 그곳에 모이는 거예요. 마치 이 책은 모든 세대에 걸친 여성을 시간의 지평선으로 호명하는 것 같았어요. 이 책을 읽는 동안, 시간의 지평선에 모여 있는 모든 여성의 한탄, 한숨, 슬픔, 외침, 웃음, 기쁨을 듣는 것 같았죠. 제가 남자라서 경험하지 못한 정서가 있고, 무지함이 있고, 직시하지 못한 역사가 있었음을 인정해요. 이 책을 읽는 동안에는 나는 남자에서 벗어나 인류가 되는 듯한 체험을 했어요.

마담쿠: 그 시간의 지평선에 저도 있었겠네요. (웃음) 코디정은 과몰입형 인류이기 때문에 제가 항상 감안해서 듣습니다. 저는 아무래도 좀 더 현실적이다 보니(웃음) 21세기의 페미니즘과 19세기의 페미니즘을 좀 비교하게 됐어요. 같은 여성으로서 일부 페미니즘 활동가들의 언행에서 거북함

을 느끼거든요. 지나치게 남성적이고 과시적이며, 반대파에 대한 설득을 포기한 그룹이라는 인상을 받을 때도 있고요. 그들은 열심히 선동하지만 마음 한편에선 선동되고 싶지 않았달까요. 물론 페미니즘의 스펙트럼이 다양하고, 다양한 만큼 제가 받은 인상은 페미니즘 일반이 아니라 '어떤 페미니즘 활동가 그룹'에 관한 것일 수도 있지요. 그런데 이 책을 통해 접하는 19세기 페미니즘은 처음부터 끝까지 일관된 대화였어요. 끝까지 설득을 포기하지 않고 풍성한 사례와 질문과 비전을 계속 제시하면서 이성적으로 얘기합니다. 이 한 권의 책은 그 자체로 대단한 선동문이었는데, 누구든지 선동될 것 같았어요. 밀은 〈공리주의〉에서 도덕은 도덕감정이라고 말했잖아요? 그런 점에서 그는 철학자 중 누구보다 감정의 힘을 이해합니다. 그래서 그런지 오래된 관습을 보호하려는 사람들의 감정(여성차별의 감정)은 토론으로 해결하지 못하는 부분이라고 이 책의 두 번째 단락에서 인정하고 시작해요. 그럼에도 밀은 포기하지 않고 끝까지 '인류의 절반을 차지하는 사람들'의 행복과 삶을 대변합니다. 이런

19세기 선각자들의 인내심과 노력이 있었기 때문에 20세기에 이르러 드디어 여성이 굴레를 벗어내기 시작하지 않았을까 하는 생각이 들었어요. 이제와 돌이켜 보면 여성들이 어떻게 여기까지 올 수 있었는지 알 것 같아요. 21세기의 페미니즘이 얼마나 큰 인류의 성과인지도요.

코디정: 네. 그런 태도가 우리가 인류의 스승들에게 배워야 하는 것이겠지요. 우리는 감정으로 분노할 수 있지만, 이성으로도 분노할 수 있습니다. 전자는 금방 휘발되고 다른 감정을 지닌 사람에게 옮겨 가지는 않지만, 후자는 오래도록 꺼지지 않으며 사건을 해결해 냅니다.

마담쿠: 이 책은 4개의 장으로 구성됐어요. 활자가 아주 빽빽합니다. 밀이 차별주의자들에게 인내심을 갖고 설득했던 것처럼, 우리 독자들도 인내심을 갖고 읽어봐 주셨으면 하는 마음이에요. 장 제목은 밀의 원문에는 없었지요?

코디정: 네. 독자를 위해 우리가 붙인 제목입니다. 딱 여기까지가 편집자가 할 수 있는 일의 한계라고 생각해요.

마음 같아서는 소제목을 군데군데 넣고 싶었는데, 그건 편집자의 한계를 넘는 일이라고 생각했어요.

마담쿠: 1장 〈문제제기〉는 마치 결론 혹은 요약본처럼 느껴졌어요. 남성이 우월하다고 생각하는 사람들에게는 이 문제제기만으로도 충분할 정도였어요. 영국의 경험주의 전통을 계승하는 밀은 자기 철학에서 '감정'과 '경험'을 매우 중요하게 생각합니다. 하지만 1장에서는 '남성과 여성 사이의 기본적인 차이점'에 대해 사람들이 갖고 있는 감정과 경험을 흔듭니다. 무지와 무관심으로 만들어진 잘못된 감정이자 불충분한 경험이라고 하면서요. 밀은 묻습니다. 현대 사회제도가 신분제를 타파했고 흑인 노예제도를 폐지했으며, 사회 정의를 내세우며 구시대의 생각과 관행을 개혁해 왔음에도 어째서 여성의 종속 문제만은 외면하느냐고 말이죠. 남성이 여성을 지배하고, 여성의 노예 상태에 빠진 것은 결국 '힘의 법칙'에 의한 것임을 지적하면서, 여성이 집단적으로 남성의 위력에 대항하는 일이 여의치 않은 이유를 설명하는데, 저는 밀의 문장이 너무 생생했어요. "여성은 그 지배자가 실

제 복종하는 것 그 이상을 요구한다는 점에서 다른 모든 종속 계층과는 매우 다른 위치에 있습니다. 남성은 단지 여성의 순종만을 바라는 것이 아니라 여성의 정서까지도 지배하기를 원합니다. 아주 잔인한 부류가 아니라면 모든 남성은 자신과 가장 밀접한 관계에 있는 여성이 강요에 의한 노예가 아니라 자발적인 노예가 되기를 바랍니다. 그저 노예가 아니라 자신의 마음에 드는 사람이 되기를 바라는 것이지요. 그래서 남성은 여성의 마음을 노예처럼 복종시키기 위해 실행할 수 있는 모든 수단을 강구합니다."

코디정: 밀이 남자여서 더 설득력이 있는 것 같아요. 말씀한 것처럼, 저는 1장에서 경험론자인 밀이 경험의 독단을 깨뜨리기 위해 무척 노력하고 있다는 점이 인상적이었어요. 여성에 대해 아는 척하고, 여성과 남성은 본성이 다르며, 그 본성에 따라 차별적인 지위와 역할이 놓이게 된다고 믿는 사람들은 자기 경험 혹은 인류의 경험을 내세우잖아요? 그러나 밀은 누구도 여성의 능력에 대해 아는 바가 없다고, 심지어 인류사에서 여성은 '이제껏 능력을 발휘할 기회가 없었으

므로' 여성 자신도 알지 못하며, 양적인 측면과 질적인 측면의 경험을 모두 고려했을 때 남자들은 여성의 아주 일부만 알고 있을 뿐이라고 반박하는데, 아주 평범한 반론이지만 저한테는 아주 설득력이 있었어요.

마담쿠: (웃음) 여성에 대해 아는 척하는 사람들을 위해 밀의 문장을 이용해 보고 싶어져요. "한 여성을 이해한다고 반드시 다른 여성을 이해하는 것은 아니고, 한 계층이나 한 나라의 수많은 여성을 연구할 수 있다고 해도 다른 계층이나 다른 나라의 여성을 이해하는 것은 아니며, 혹 이해한다고 해도 역사에서 어느 한 시대의 여성일 뿐이라는 것을 충분히 고려한다면, 즉 여성이 해야 할 말을 스스로 다 털어놓기 전까지 남성이 여성에 대해 얻을 수 있는 지식이라는 것이 앞으로 여성의 상황이 어떨지는 언급하지 않고 이제까지의 상황이나 지금의 상황이 어떻다는 것을 언급하는 것뿐이라면, 그 지식은 지독히 불완전하고 피상적이며, 앞으로도 그럴 것이라고 충분히 단언할 수 있습니다."

코디정: 좋네요. (웃음) 2장 〈여성의

결혼〉의 경우, 여성의 사회적 지위 중에서 특히 〈아내들의 법적 지위〉에 관한 인류사 공부 시간이었어요. 여전히 가정 내에서의 성 역할이 논란이 되고 있지만, 오늘날 여성의 종속은 밀이 예측하는 바대로 상당한 수준으로 해결됐고, 공평해졌으며, 무엇보다 결혼 자체가 필수적이지 않게 됐습니다. 하지만 백 년 전 인류는 전혀 양상이 달랐잖아요? 그런 역사를 공부하는 시간이었어요.

마담쿠: 가족 내에서의 성 역할은 지금도 매우 예민한 문제잖아요? 그런데 2장 마지막 부분에서 밀은 여성이 일을 해서 가계에 도움을 주는 것이 바람직하지 않고, 남성이 바깥에서 돈을 벌고, 여성은 집안일을 하는 것이 좋다는 식의, 소위 '전통적인 성 역할'을 피력하는 것처럼 보인단 말이지요. 이거 정말 밀의 견해일까요?

코디정: 설마요. 밀은 3장 내내 여성이 자유롭게 직업을 선택할 수 있어야 한다고 주장하는걸요? 밀의 진심은 여성이 노예 상태에 있고 전적으로 집안일을 해야 하는 상황에서 바깥에서 돈을 벌어오면 그것조차 남편에 의해 수

탈될 것에 대한 걱정입니다. 이에 대해서는 주석 29가 해설하고 있습니다. 저는 밀의 견해가 21세기 저희 부부관계를 상정하는 듯한 느낌을 받았어요. 저희 집의 경우, 제가 경제활동을 합니다. 하지만 부부관계는 공평하고, 가사분담도 공정한 편이에요. 제가 돈을 벌어오지만 그게 전혀 권력의 근거가 되지는 못해요. 오히려 제 아내는 가족을 위해 자아실현을 미루고 인생을 희생하고 있는 거라는 가족들의 '컨센서스'가 있습니다. 그래서 밀의 얘기하는 것처럼, 저희 집에서는 여성이 '자기를 보호하기 위한 목적으로' 경제활동을 생각하지는 않아요. 아이들이 중학생이 된 요즘, 근년 '저희 집 여성'은 자아실현을 위한 활동을 준비하고 있어요. 가정 내 성 역할에 대한 밀의 견해는 이런 맥락으로 이해하는 게 타당하다고 보여요.

마담쿠: 2장 〈여성의 결혼〉은 가족 내에서 여성이 평등한 대우를 받아야 한다는 것이 결론입니다. 3장 〈여성의 직업〉은 인류사에서 남성이 독점해 온 모든 사회적 역할과 직업이 여성에게도 허용돼야 한다는 주장이 펼쳐집니다.

코디정: 이 책의 핵심 부분이 바로 3장이 아닐까 해요. 정말이지 사람들의 편견에 대해 밀의 반문이 끊임없이 이어집니다. 마치 이 책이 인류를 향한 거대한 질문이라는 생각이 들 정도로 도전적인 내용으로 채워지고 있어요.

마담쿠: 서양사 공부시간이기도 했지요.

코디정: (웃음) '여성의 관점으로 읽는 서양사' 시간이지요. 고대 그리스 로마의 역사도 나오고, 게르만족의 왕가에 대한 얘기도 언급되지만, 특히 서양사에서 중요한 여성 인물이 등장합니다. 편집자로서 한 명씩 한 명씩 조사해 봤어요. 이런 조사만으로도 세계사를 바라보는 인식의 지평이 넓어지더라고요. 고대 그리스의 서정 시인, 사포, 마티스, 코리나, 고대의 여성철학자 아스파시아와 히파티아, 중세의 수녀원장 엘로이즈, 프랑스 낭만주의 소설가인 스탈 부인과 조르주 상드, 19세기 스코틀랜드 과학자 메리 서머빌을 알게 됐어요. 또한 여성 권력자로서는 엘리자베스 1세, 빅토리아 여왕, 러시아의 에카테리나 2세만 알고 있었는데, 카테리나 데 메디치,

마르가레테, 안드 보주, 블랑슈 드 카스티유 같은 인물은 이번에 처음 알게 됐습니다.

마담쿠: 그런데, 이 3장은 너무나 할 얘기가 많은 장이에요. 남성에 비해 어째서 여성이 인류사에서 남긴 족적이 보잘것없었는지를 아주 예리하고 풍성하게 논증하잖아요? 다루는 얘기가 너무 많아요. 여성의 참정권부터 시작해서 정치, 문학, 철학, 예술 다양한 분야에서 여성이 남성과 차이가 없음을 이야기하고 있어요. 밀의 결론은 '여성이 남성보다 더 열등하지 않은 것은 물론이고 남성과 여성의 근본적인 차이가 없다'는 것입니다.

코디정: 네. 이 부분은 워낙 중요하고 핵심적인 내용이지만, 그렇다고 이해하기 아주 어렵지도 않기 때문에, 독자에게 그 역할을 돌리도록 하지요. 3장은 독서가들의 독서모임에서 토론할 좋은 소재가 될 테니까요.

마담쿠: 그럴까요?

코디정: 아, 잠시만, 재미있는 대목이 하나 있어요. 저는 밀 아저씨가 약간 '자학 개그'를 하는 면모가 있는 대목

을 발견했어요. 남성 사변가thinkers의 문제를 지적하는 대목이 있거든요. 현실 감각이 부족하다는 겁니다. 그러면서 이런 얘기를 해요. "관찰을 통해 지식에 관한 자료를 모으지 않고 사유 과정을 통해 자료를 취합하여 포괄적인 과학적 사실과 행동 법칙을 찾기 위해 노력하는 남성 이론가나 사변가에게 자신보다 실제 탁월한 여성과 교류하고 지적받으면서 자신의 사유 과정을 이어가는 것은 대단히 가치 있는 일입니다. 그의 생각이 실제 대상의 한계와 자연 현상 안에 머물도록 하는 것에 견줄 만한 일은 없으니까요." 여기서 남성은 밀 자신이고, 여성은 자신의 부인인 해리엇 테일러 밀을 지칭하는 걸로 보여요. 아내를 지극하게 생각했던 그의 인생을 아는 독자라면 동의하리라 생각합니다. 그리고 밀은 영국 사람이잖아요? 그런데 영국 사람을 '디스'합니다(물론 자부심도 있고요). 이렇게 말하잖아요. "영국은 인간 본성의 특징을 보여줄 만한 것이 없는 나라이기 때문입니다.", "영국인은이 인간 본성에 대해 무지하다면 프랑스인은 편견을 갖고 있다고 볼 수 있습니다. 영국인의 착오가 소극적이라면 프랑스인의 착오는 적극적이라고 할 수 있습니다. 영국인은 자신이 어떤 것을 본 적이 없기 때문에 그것이 존재하지 않는다고 생각합니다. 반면 프랑스인은 자신이 보고 있기 때문에 그것이 항상 반드시 존재한다고 생각하지요." 저는 밀의 이런 '진지한 해학'에서 웃었어요.

마담쿠: 이제 4장 〈여성의 종속을 없앰으로써 얻는 것〉입니다. 이 책의 대단원이에요. 그러나 우리들 편집자가 책의 마무리를 할 수는 없어요. 독자께서 여기까지 읽으셨으면 이미 밀과 충분히 대화한 상태여서 저희가 안내할 부분도 없을 테니까요.

코디정: 네. (웃음) 아까 이 책이 페미니즘 교과서나 역사서 같은 느낌을 받았다고 했잖아요? 저는 '페미니즘 예언서' 같다는 느낌을 많이 받았어요. 여성의 참정권은 물론이거니와 여성이 자유롭게 배우자를 선택하거나 이혼할 수 있어야 하고, 자신의 능력을 마음껏 계발할 수 있어야 하며, 남성처럼 교육을 받아야 하며, 자기가 원하는 원하는 직업을 남자들처럼 경쟁을 통해 얻도록 해야 한다는, 이 책에

기록된 대부분의 주장은 그 당시 영국에서는 불가능한 얘기였잖아요? 이 책은 1869년에 출간됐어요. 조선 사회가 개항하기도 전입니다. 그때 그 사회에서는 도무지 상상할 수 없는, 너무나 불온한 사상이었지만, 이제 돌이켜 생각해 보면, 결국 밀이 말한 대로 인류가 진화했어요. 밀의 예언이 다 이루어졌거나 이루어지고 있습니다. 미래에도 마찬가지일 거예요. 그런 점에서 이 책은 대단한 고전이라고 생각합니다. 그래서 저는 부모로서, 이 책을 우리 아이들에게 읽혀야겠어요. (웃음) 저희 아이들이 지금 중학생이거든요, 〈여성의 종속〉을 읽은 중학생이라니, 부모로서 자랑스러울 것 같아요.

마담쿠: (웃음) 자, 우리가 존 스튜어트 밀의 〈공리주의〉에 이어 〈여성의 종속〉를 펴냈습니다. 다음은 〈자유론〉입니다. 정미화 번역가가 펼쳐내는 우리말로 〈자유론〉을 다시 읽는다고 생각하니 뭔가 벌써 벅차오릅니다. 고생하셨어요. 〈자유론〉 편집후기에서 만나요.

코디정: 고생하셨습니다. 독자 여러분,

이 책이 많이 알려지고 토론되도록 도와주시기 바랍니다. 감사합니다.

정성껏 만든 책

철학단편선 생각하는 사람을 빛나게 도와주는 할아버지들	키르케고르, 임마누엘 칸트, 파르메니데스 | 2022-04-15 서미나 옮김 | 158쪽 | 10,000원	
	생각을 풍성하게 만들어 주는 지혜의 책.	
엥케이리디온 내 맘대로 되지 않는 세상에서 살아남고 싶을 때	에픽테토스 | 2022-03-15 | 신혜연 옮김 | 172쪽 | 12,000원	
	외투 주머니 속에 넣고 다니며 매일 한 문장씩 읽고 싶은 삶의 지혜.	
바다의 발견	김영춘 | 2022-02-15 | 268쪽 | 15,000원	
	아, 대한민국은 해양국가였지. 잊고 있던 당연한 사실을 일깨우는 죽비 같은 책.	
공리주의	존 스튜어트 밀 | 2022-01-12 | 정미화 옮김 | 212쪽 | 12,000원	
	인문 고전 번역의 새로운 모범을 찾는다면, 그리고 지적인 자극이 필요하다면.	
아오지까지	조경일 | 2021-12-15 | 204쪽 | 13,000원	
	소설보다 더 소설 같고 영화보다 더 영화 같은 체험담. 세 번 탈북한 소년의 나라는?	
웃음	앙리 베르그송 | 2021-11-15 | 신혜연 옮김 | 260쪽 | 12,000원	
	재능 과다의 철학자가 펼쳐 내는, 아, 이 깊고 풍요로운 웃음의 세계란.	
수상록	정세균 | 2021-04-15 | 310쪽 | 15,000원	
	올바름에 관한 탁월한 에세이. 한국 정치에 이런 깊이와 따뜻함이 있었다니.	

고통에 대하여	김영춘 ǀ 2020-12-22 ǀ 372쪽 ǀ 18,000원
	너무 재미있고 감동적이라 첫 장을 펼치면 끝까지 읽게 되는 숨가쁜 책.
휴머니타리안 솔페리노의 회상	앙리 뒤낭 ǀ 2020-11-05 ǀ 편집부 옮김 ǀ 272쪽 ǀ 15,000원
	인류사를 바꾼 기념비적인 책을 찾는다면.
굿머니	김효진 ǀ 2020-11-02 ǀ 260쪽 ǀ 15,000원
	내가 기부하는 돈이 이렇게 흘러가는구나. 이렇게 따뜻하고 인간적인 돈이라니.
스물여섯 캐나다 영주	그레이스 리 ǀ 2020-09-25 ǀ 176쪽 ǀ 12,000원
	인생의 플랜 B는 언제나 우리 곁에 있다. 그 사실을 알아가는 젊은 에세이
무너져 내리다	스콧 피츠제럴드 ǀ 2020-05-25 ǀ 김보영 옮김 ǀ 332쪽 ǀ 15,000 원
	이런 신비한 책은 본 적이 없다. 그래서 사람들이 피츠제럴드, 피츠제럴드 하는구나.
소나티네	나쓰메 소세키 ǀ 2019-04-30 ǀ 김석희 옮김 ǀ 304쪽 ǀ 15,000 원
	이것이 나쓰메 소세키. 일본문학의 정수를 체험하고 싶은 독자에게는 선물 같은 책.
최면술사	마크 트웨인 ǀ 2019-03-25 ǀ 신혜연 옮김 ǀ 216쪽 ǀ 13,000 원
	읽는 내내 키득거리게 만드는 유쾌한 책. 지루할 틈이 없다.

굿윌 도덕형이상학의 기초	임마누엘 칸트 | 2018-09-04 | 정미현 외 2인 | 236쪽 | 13,000원
	도덕철학사에서 가장 중요한 한 권의 책. 독서를 통해 직접 칸트를 이해하고 싶다면.
WHY	버지니아 울프 | 2018-09-04 | 정미현 옮김 | 184쪽 | 12,000원
	버지니아 울프를 제대로 알고 싶다면, 그녀가 던지는 '왜'라는 질문에 먼저 입문하기를.